天下文化

BELIEVE IN READING

冠軍意志

2021 年 3 月，政大雄鷹籃球隊在臺北小巨蛋奪下隊史首座 UBA 冠軍。

連兩年闖進 UBA 決賽，2022 年 3 月政大雄鷹不負眾望再度封王。

2023 年 3 月，政大雄鷹以「11 勇士」陣容，完成 UBA 三連霸壯舉。

2024 年 3 月在陳子威帶領下，拿下「賭上未來」的 UBA 第四冠。

2023 年 8 月打敗 NCAA 一級隊伍，政大雄鷹揚威東京 WUBS 世界大學系列賽。

打造政大雄鷹全球主場，趨勢科技讓全隊在東京 WUBS 賽事倍感親切。

政大雄鷹隊史奪下的第一冠，是在嘉義舉行、紀念王輝教練的王輝盃。

「為小巨蛋而生的男人」游艾喆，率雄鷹完成 UBA 四連霸。攝於 2024 年與健行科技大學籃球隊的冠軍戰。

有最強外籍生之稱的莫巴耶，以狀元之姿加入職籃臺北富邦勇士隊。攝於 2024 年與健行科技大學籃球隊的冠軍戰。

2024 佛光盃，政大雄鷹將冠軍盃留在台灣，吳志鍇收下 MVP。右為佛光山慈容法師。

在小巨蛋表現讓人激賞，莊朝勝把握機會，提前投入職籃。攝於 2024 年與健行科技大學籃球隊的冠軍戰。

政大雄鷹奪下 2023 跨聯盟賽事冠軍，宋昕澔收下 MVP。

奪下 UBA 冠軍後，林彥廷（左）和林勵（右）都流下英雄淚。

2023 年李蔡彥校長（左起）、怡樺學姐與姜學長，力挺雄鷹奪冠。

雄鷹隊請名設計師詹朴與 Kanari 王翔團隊打造冠軍戒，讓球員留下冠軍榮耀。圖為 2021 年至 2024 年四年來的冠軍戒。

每一冠都得來不易，雄鷹隊攜手創造傳奇。左起李蔡彥校長、陳怡樺、姜豐年、孫秉宏和王清欉主任，攝於 2024 年奪冠的球場上。

經典時刻

政大外交系校友姜豐年破天荒捐了一支籃球隊給母校，成軍典禮受到師生祝福。第一排左起：王清欉、林元輝、林左裕、于乃明、張昌吉、周行一、黃蓓蕾、高飛、丁守中、田浩、黃博暄、李忠恕、鍾忻宸。

有 76 人之稱的初代雄鷹，肩負著拚上公開一級的使命。左起黃立承、黃博暄、田浩、施致瑋、呂振霖、吳冠誼、朱力勳、林永昌、王詠誠、王璟諭、洪楷傑。

2017 年成立第一年的政大雄鷹拿下二級第三名，成功升上一級。

政大雄鷹會在 2018 年成立，成為雄鷹隊最死忠的啦啦隊。

謝金河學長佩服姜豐年創辦政大雄鷹的無私奉獻。

2018 年政大雄鷹會成立，姜豐年與司徒達賢教授攜手支持雄鷹籃球隊。

2018 年政大畢業典禮，NBA 球星林書豪蒞校演講。

2018 年雄鷹招募的第一位外籍生是塞內加爾的聶歐瑪。

雄鷹畢業生挑戰職業籃壇，姜豐年學長到場力挺。左起曾于豪、張鎮衙、姜豐年、丁恩迪、聶歐瑪。

2018 年 8 月政大雄鷹簽約 Jordan Brand，寫下大學籃球隊先例。左起陳子威、王清欉主任、姜豐年、孫秉宏。

雖因疫情影響未能前進 CBA，洪楷傑在台灣職籃仍打出一片天。

射手張鎮衙（中）是雄鷹隊史第一位職籃選秀狀元。攝於 2022 年 P. LEAGUE+ 新人選秀會。

2023 年林彥廷在大學生涯最後一場 UBA 比賽傷退，讓球迷揪心。

2023 年 7 月林彥廷（中）在家人與隊友祝福下，成為雄鷹進軍 CBA 第一人。

連續四年政大雄鷹飛進臺北小巨蛋，都感受到宛如主場的熱情。攝於 109 學年度大專籃球聯賽決賽。

2024 年游艾喆簽約日本 B1 聯盟滋賀湖泊隊，在台北召開盛大加盟記者會。後排左起王天佑、黃子軒、游興榮、孫秉宏、游艾喆、陳子威、范耿祥、廖期新、侯碩；前排左起楊秀春、呂潔如、戚海倫。

2024 年政大雄鷹球員參加 PLG 選秀大豐收，共有四人入選。左起莊朝勝、莫巴耶、李允傑、王凱裕。

2024 年瓊斯盃中華白隊，雄鷹球員五人同台，寫下歷史新頁。左起吳志鍇、宋昕澔、游艾喆、莫巴耶、林彥廷。

2024 年政大雄鷹到宜蘭南澳國小首辦公益籃球營，外籍生波波卡宛如孩子王。

教練價值

2021 年拿下 UBA 首冠，全隊興奮拋起總教練陳子威。

總教練陳子威在比賽時指導戰術。

首席助理教練范耿祥（左）關心球員成長，與雄鷹球員感情深厚。

體能訓練師王昱中讓雄鷹球員有更強悍的體格面對比賽。

運動防護師廖期新以專業守護雄鷹隊的健康。

場邊雄鷹球員席的每一位，總是熱情支持在場上奮戰的球員。

黃子軒從球員轉教練，是第一位雄鷹隊培養的助理教練。

侯碩處理球隊眾多行政事務，
是幕後的無聲功臣。

總教練陳子威首開先例，赴西班牙巴塞隆納學習歐洲籃球。

政大雄鷹球室張貼精神標語，代表教練團對球隊的殷切期望。

比賽中場在休息室，教練團總正向鼓勵雄鷹球員。

雄鷹珍藏

姜豐年（中）、孫秉宏（右）與陳子威（左）攜手打造政大雄鷹。

姜豐年與能仁家商的游艾喆（右）、王凱裕（左）初見面。

孫秉宏（左）為招募外籍生赴東京，姜豐年與陳怡樺夫婦也去看比賽。

雄鷹制服組赴宜蘭南澳拜訪游艾喆的家人，力邀他加入政大。

孫秉宏飛到美國丹佛，與莫巴耶（左）初見面。

塞內加爾外籍生丁恩迪初到台灣時，身形非常瘦。

練球極度認真的王振原，總教練陳子威譽為「政大精神」。

外籍生到孫秉宏家過農曆新年。

農曆年後雄鷹恢復練球，總有搶紅包的投籃趣味比賽。

傳播學院雄鷹球員在謝師宴感謝陳憶寧院長（左 5）、施琮仁（右 3）、林日璇（右 2）、曾國峰（左 4）等教授的指導。

雄鷹球員感謝傳院林日璇教授（右 5）、民族系王雅萍主任（右 3）與體育室師長的照顧。

政大雄鷹赴美移訓，全隊造訪姜學長與怡樺學姐加州 NAPA Kanpai Wines 乾杯酒莊。

拿下三連霸的政大雄鷹，教練團攜家人一起到美國洛杉磯 Beverly Hills。

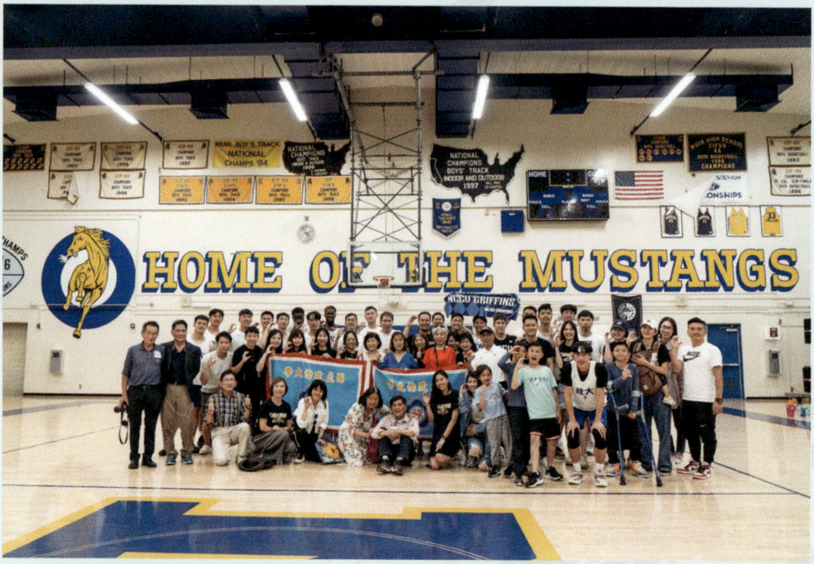

2023 年雄鷹隊於美國友誼賽後，與政大南加州校友會相見歡。

雄鷹籃球隊員在政大深受各系所與各單位師長照顧。
左前起：甯方璽、吳文傑、鍾理翔。
右前起：孫秉宏、古孟玄、屈智齡、莊朝勝、宋昕澔。

政大開設運動學程，多元培養運動產業人才。

雄鷹籃球員變身咖啡師，學習咖啡專業與待人接物。

曾開設在政大校門口的 Studio 62 運動文創空間，舉辦各式活動。

政大前校長周行一（左起）、王文杰、司徒達賢教授力挺雄鷹隊。

雄鷹會（左前起）賈先德、介文汲、周行一、（右前起）姜豐年、侯政、許郁淇和奚聖林（右排站位第一位）等學長姐開會討論舉辦雄鷹盃各項事務。

家人與政大學長姐飛往日本滋賀，為游艾喆的職籃新賽季加油打氣。

政大雄鷹傳奇

冠軍意志 迎戰世界
CHAMPION MINDSET

孫秉宏・陳子威・戚海倫・柯智元——著

★

政大雄鷹傳奇

—目錄—

第一部　雄鷹致勝學——從蟄伏到展翅　017

推薦序

群星亮起的奪冠全紀錄

政大雄鷹籃球隊創辦人　姜豐年
趨勢科技執行長　陳怡樺

去年九月，雄鷹贏得日本WUBS世界大學籃球系列賽冠軍後，《遠見》的王力行發行人就聯絡我們，希望出一本書講述豐年創辦雄鷹的故事。我們雖然覺得很榮幸，但當時，兩年多前就已由東美出版社的李靜宜執筆撰寫的豐年自傳《恆動》已接近完稿出書，覺得有些重疊，正不知道如何應對時，豐年突然跟我說：「雄鷹隊不是我一個人的故事，是一群人的故事！」

我恍然大悟，的確，雄鷹隊，是很多對的人，在對的時候，做了對的決定，對的事，才能夠如一片片的拼圖般，合成了一幅美好的圖，是上帝的完美計畫，分毫無缺地由一大群人共同執行的！

於是，成就了這本由政大雄鷹籃球隊寫下的，關於雄鷹隊的故事！

接到書的初稿（電子版）時，我和豐年正坐在車上，因此用手機的讀稿唸出來，兩人邊聽邊回憶，時笑時哭時驚訝……。雖然是豐年起心動念，全程全力以赴創辦，但其中每位成員的心路歷程，點點滴滴，卻也很多是聽了書才知曉！

書的前段，由政大校友戚海倫以她記者的專業和人性溫暖的筆，書寫每個人物。從一腔熱血卻其實搞不太懂籃球規則的周行一校長，到大學長謝金河拉著豐年說，「你那麼會打球，捐一支球隊吧？」從以為自己做錯了事，要被發配邊疆的孫秉宏，到為了能給孩子和愛妻安穩照顧，而毅然提早退役球員身份到政大的陳子威，和四位性格球風都不同的四屆冠軍隊長——「大學要學些不同東西」的張鎮衔，永不服輸勇於挑戰未知的林彥廷，眼中只有隊友的超級靈性後衛游艾喆，和放棄美國NCAA，毅然來到台灣，只為要親手拿冠軍的莫巴耶。我們也想起，一切都還在草創時就熱血投入、每週去和豐年開會討論的雄鷹會創辦團員。每一個人，每一個腳步，在書中一章一節一一浮現，像百川支流自各地源起，滙入大江大河，而終成波瀾壯闊的大海！也像雄鷹的「隊歌」〈小星星〉一樣，一顆顆小星星在夜空中一一亮起，陪伴也照亮彼此！

書的後段，由柯智元以他獨特又深入地觀察，刻畫出雄鷹團體文化形成的背景。從豐年心心念念，不可辜負球員父母託付的父親之心，到全體隊職員處處以「教育之心」帶球員——不只要是個厲害的球員，更要成長為一個成功的「人」。幾場描述主將洋將全受傷，剩下九名球員怎麼放下自我，奮力補上缺位，以求團體勝利的球賽，看得我們熱淚盈眶，不能自己！智元真正寫入了雄鷹精神的骨髓，也寫進了一群無怨無悔、到處追隨雄鷹比賽雄鷹會成員的心！

籃球本就是團隊比賽，雄鷹的故事當然更是個團隊的故事！我們衷心地感謝，雄鷹的一路上，有這麼多對的人、在對的時候，做了好多對的事！不論你是否是籃球迷，是否是政大畢業生，相信都會在這本書中，看到一個像你自己的形象，「不論是怎樣的運動，一場體育競賽，其實就像是我們真實人生的寫照。」一群人，眾志成城，一起得到的冠軍果實，真的是超級甜美！

推薦序

改變大學籃球風貌的傳奇

政治大學名譽及講座教授　司徒達賢

政治大學傑出校友姜豐年先生，幾十年來開創過許多事業。在其中，他投入最多感情，也獲得最多熱情回報的「事業」，是「政大雄鷹籃球隊」。

從二〇一七年成軍以來，政大雄鷹隊已經連續四年得到全國UBA（大專籃球聯賽）總冠軍，目前正在為邁向「五連霸」而努力。雄鷹隊的橫空出世，不僅改變了大學籃球的風貌，而且也改變了政治大學的文化與形象。旅居國外多年的老校友回來，在小巨蛋觀賞雄鷹隊比賽，看到球員們的球技與身手、快速移動而節奏分明的團隊攻防，也見識到了衣著與旗幟鮮艷，加油聲響徹全場的後援部隊「政大雄鷹會」。老校友一句「這是我們政大嗎？」表示因為雄鷹隊，我們政大和從前真的不一樣了。

任何事業的成功，除了外表的亮麗與群眾的喝采和歡呼之外，還有許多背後不為人知的故事，以及許多人長期的默默耕耘與付出。尤其過去政大與台灣籃球界鮮少往來，對高中籃球選手而言，也缺乏知名度，想成立一支期待「得冠」的隊伍，何其困難。

除了姜豐年學長的財務挹注、謝金河學長的倡議、周行一校長的大力支持、體育室王清欉主任的行政配合、尹衍樑學長剛協助整修完工的頂級籃球場之外，當時還缺少一些籃球隊的核心人物。在這方面，姜學長一開始就邀請到執行長孫秉宏博士、總教練陳子威老師兩位，是最關鍵而正確的決策。因為他們對爾後球員的招募與培訓、比賽時的指揮調度，都貢獻極大。孫、陳兩位，過去與政大並無淵源，當時也都各自擁有非常良好的事業前程，但卻放棄了原有的前程規劃，將自己人生最精華的歲月投入了政大雄鷹隊，令我們感動。做為一名「六十年老政大人」，我也要在此向他們致敬與致謝。

有了核心人物，接下來就得招募球員。過去許多高中優秀球員在升學上，常與某些大學之間存在著默契。新的大學球隊想打破這種「供應鏈關係」很不容易。本書中描述了當初姜學長及孫、陳兩位如何費盡心思、如何利用自己的社會關係，甚至姜學長與家長喝酒搏感情來爭取優秀球員的過程。

本書中介紹了很多球員的個人故事和他們的心路歷程。讓我們體會到組建出一支兼具戰鬥力與凝聚力的隊伍是多麼困難。因為每位年輕人都有他自己對未來生涯的理想，也擁有許多選擇的機會。他們的家長、過去的教練與已經升學的學長，都會影響他們的決策。加上政大除了重視球技、體能與團隊精神之外，也特別強調對學業與品格方面的要求，同時還考慮他們將來除了進入職籃之外，或離開職籃之後的職涯發展。到今天，這些都已經成為雄鷹隊的特色，然而在當年，由於與眾不同又堅持原則，也提高了招募球員時的挑戰。

除了嚴格的要求之外，從這些故事裡，我們也體會到姜學長、孫執行長、陳總教練他們發自內心，對球員的愛心與照顧。創建並維持一支有戰力、有理想，能打球又能讀書的球隊，真的不容易，我們都應感謝與珍惜。

我們祝福政大雄鷹隊能夠維持常勝的紀錄，也誠心祝禱姜豐年學長可以像從前一樣，每次都能健康而溫馨地坐鎮在場邊鼓勵大家。

自序
在實踐中尋找答案

政大雄鷹籃球隊
執行長孫秉宏、總教練陳子威

尊重紀律．互信合作
團隊意識．強悍防守
快速反應．轉換攻擊
拚戰精神．永不放棄

——陳子威總教練帶隊哲學——

政大雄鷹，感恩惜福。

超過兩千五百個日子，這支球隊，從無到有，一起創造了許多「第一次」。

許多人形容雄鷹宛如「橫空出世」，但身在其中的我們再清楚也不過，這是許多人日復一日、扎扎實實地努力與付出，所得到的成果。

有血有汗，有淚水，也有歡笑。

這本書承先啟後，不只留下成軍七年、連拿四座大專籃球聯賽UBA冠軍的美好回憶；同時宣示，屬於政大雄鷹籃球隊的全新篇章，即將展開！

每年拍攝球隊紀錄片，早已成為政大雄鷹的傳統之一。我們深信，要創立一支球隊或許不難，但要累積歷史、建立文化、傳承精神，打造一支真正有靈魂、有著獨特生命的球隊，則需要更多用心與專業。於是，在完成UBA四連霸之後，我們在姜豐年學長、陳怡樺學姐的支持與鼓勵下，著手籌備這本書，嘗試以文字與照片，留下關於政大雄鷹的故事。

除了比賽時的政大雄鷹，我們試著分享更多重要的「Unseen Hours」（不為人知的時刻），試著告訴運動迷，關於一支學生籃球隊，在勝負之外，也極其珍視的「價值」。

學生球員一屆一屆畢業，每個賽季總有新的挑戰。在回顧、梳理與述說這一路走來的歷程與心情時，總有一種「啊！七年就這樣過去了嗎？」的感受。我們沒有一天不努力，因為覺得幸運，所以時時惜福；心懷感恩，所以持續努力。

政大雄鷹，究竟要成為什麼樣的球隊？

這是我們經常不斷自問的問題。為了成為冠軍，必須具備堅韌的意志、付出超過百分百的努力，我們透過每日的「實踐」尋找答案。已然具有全國冠軍實力的我們，不會以此自滿。挑戰亞洲、迎戰世界的勇氣、決心與行動力，已經成為政大雄鷹血液中的一部份。

UBA四連霸完成後，我們飛了一趟西班牙，為的是實地學習歐洲系統的籃球。深深覺得，世界真的很大，政大雄鷹需要變得更好，需要更多刺激。在新賽季球隊開訓前，子威經過深思，寫了一封長信給教練團，信中細數過去一年，球隊一起經歷的每個「第一次」，「回頭想想，真的很不可思議。沒有教練團的努力，絕對不可能完成。我由衷感謝各位，力挺我這個很龜毛的總教練。」

雄鷹籃球強調的「團隊球風」，不只球員，也在教練團實踐。

政大重視教練的專業、重視教練的價值。在學生球員「從男孩變男人」的成長關鍵期，這支「冠軍教練團」願意全心灌溉、傾囊相授，不只「陪伴」球員成長，更拿出更高標準來要求自己、與時俱進，追求卓越。

持續探索，永不設限。

我們期許，在球場上，政大雄鷹不只防守強悍、也能快速轉換攻擊，成為一支尊重紀律、以團隊優先的勁旅，更要擁有永不放棄的拚戰精神與冠軍意志，將這樣的態度帶入「人生賽場」。

關於政大雄鷹的「無限賽局」還在繼續，我們以正向的信念持續前進，努力追尋更好、更進步。

由衷感謝支持並持續關注政大雄鷹的每一位。

第一部

雄鷹致勝學——從蟄伏到展翅

從姜豐年的無私奉獻，
到集結一眾校友與專業團隊的戮力以赴，
記錄二十個球場內外迎接挑戰、發光發熱的瞬間，
為台灣籃球發展歷史，寫下充滿活力的新頁。

01 豐收的一年！政大雄鷹寫下歷史

二〇二四年三月廿四日，臺北小巨蛋。

比賽接近終了，幾乎全場球迷自發地倒數讀秒：「三、二、一！」那一瞬，許多人將早已緊握在手中的藍色彩帶拋出，以隊長莫巴耶為首、穿著白色球衣的政大雄鷹球員，興奮地全都衝進場中，一起歡慶這榮耀時刻。

計分板上的數字停留在九十二比五十九。政治大學雄鷹籃球隊，在這場冠軍戰以壓倒性優勢，擊敗了健行科技大學籃球隊，成功收下隊史在大專籃球聯賽（UBA）❶的四連霸。

這是政大雄鷹成軍七年來的第四座全國冠軍。連續四年都闖進臺北小巨蛋（四強決賽），且勝率百分百。

雄鷹隊職員在場中又哭又笑、吼叫著、擁抱著，這是辛苦了一整個賽季的美夢成真。觀眾席上有從全台各地來到現場的隊職員家人，還有許多「政大雄鷹粉」，有人流下開心的眼淚，也有人彼此擁抱，互道恭喜。

這一季，是政大雄鷹首度在UBA以全勝之姿封王。

這一冠握在手中，也讓政大雄鷹成為UBA在九十六學年度設立廿五歲條款、並且與超級籃球聯賽SBL❷切割後，第一支完成四連霸的隊伍。

「太激動了！感觸很多，很想大叫一場，真的很難形容此刻的感覺！」總教練陳子威壓力盡釋，「要拿冠軍就不容易，更何況要連拿四次！」子威激動地緊緊擁抱當家控球後衛游艾喆。大四的游艾喆，這一晚以十二分、十個籃板、十一次助攻的「大三元」表現，獲選為決賽最有價值球員（FMVP）❸；而這也是「艾裕連線」游艾喆和王凱裕自高二以來，連六年在臺北小巨蛋嘗到

註❶ 大專籃球聯賽（University Basketball Association），以下全書使用簡稱UBA。
註❷ 超級籃球聯賽（Super Basketball League），以下全書使用簡稱SBL。
註❸ 決賽最有價值球員（Finals Most Valuable Player），以下全書使用簡稱FMVP。

奪冠滋味。

連兩日展現兇猛火力的副隊長莊朝勝，在冠軍戰拿下十七分，他的拚勁和鬥志帶動著全隊的士氣。「朝勝是我心中的MVP❹！」陳子威對子弟兵讚譽有加，而莊朝勝也激動不已：「我有朝著威哥期待我的方向前進！他一直期待我像日本的後衛一樣有進攻能力，我努力去展現，接下來也要再加強我的組織能力。」

「我會說這第四冠，是『賭上未來』的冠軍。」陳子威的聲音已然沙啞，「這是大家很努力拚來的，大家一起完成了這個歷史紀錄！」子威不忘感謝政大師生與校友的支持，「最重要的，我想把這座冠軍獻給姜董（姜豐年），希望姜董保持身體健康，一直來看球隊比賽！」

比賽全程都坐在領隊席上、以行動支持著球隊的姜豐年，賽後在球隊執行長孫秉宏攙扶下站了起來，所有的感動與驕傲，全寫在他臉上；陪伴在旁的姜豐年妻子陳怡樺，不斷豎起大拇指，肯定這支球隊的每一位成員。

政大校方加油區有人高喊著：「謝謝姜學長！」因為若不是政大外交系校友姜豐年，在二〇一七年時毅然決定「捐一支籃球隊給母校」，不會有後續的「神展開」。政大校長李蔡彥也在球隊席全程坐鎮支持，第一線感受這股雄鷹魔力，「謝謝雄鷹籃球隊凝聚了政大人的心，全校都為雄鷹的成就感到驕傲。」

在政大從民族系讀到傳播所的李允傑，六年擁抱四冠；而大一新生徐得祈、林子皓、鄒子義等，都在這一夜感受到，原來，拿全國冠軍的感覺是這麼美好；宋昕澔和吳志錯興奮之餘，也在心中對自己許諾，是時候「接棒」，要為延續球隊的美好傳統繼續努力；外籍生波波卡、杜拉米和莫斯塔發享受比賽，也和「雄鷹家人」一同感受著在小巨蛋封王的獨特氛圍。

「制服組」成員也終於能暫時拋開壓力，盡情享受此刻。

從首席助理教練范耿祥、從球員轉換角色成為助理教練的黃子軒、體能訓練師王昱中、運動防護師廖期新、技術教練王天佑到行政經理侯碩，平常各司

註❹ 最有價值球員（Most Valuable Player），以下全書使用簡稱MVP。

其職，也在必要時互相支援。每一位都深深知道，這一切實在太不容易了。一路走來，有太多故事，若不是身在其中，很難有那麼深刻的體會與理解，到底這支球隊是如何像總教練陳子威所說「賭上未來」，為了爭取最高榮譽，傾盡所有！

七年之間，從無到有。

這四年在UBA決賽，臺北小巨蛋儼然就像政大雄鷹籃球隊的「另類主場」。不只政大師生及校友，很多粉絲從許多細節觀察，逐漸發現，從教練團到球員，這支球隊真的「不一樣」。

許多球迷被圈粉了。

那是一種超越勝負的感動。雄鷹粉絲在教練團與球員身上，看見專注、認真的特質；看見無私的團隊球風；看見場上、場下宛如家人的情感；看見所謂的「允文允武」不再只是理想；看見了無論順境、逆境，都持續努力的精神。

一種獨特的「政大雄鷹文化」，正在成形。

二〇二三年暑假，飛到日本東京的雄鷹，在WUBS❺世界大學籃球系列賽，三戰全勝奪下冠軍，第二戰以四分優勢擊敗美國瑞德福大學，是台灣的大學籃球隊，史上頭一遭擊敗美國NCAA❻一級的球隊。

那個夏天，有「政大航空」之稱的林彥廷，飛往對岸參加中國職業男籃聯賽CBA❼選秀。具有全能身手的林彥廷，以首輪第三順位獲北京控股指名，成為探花。

僅僅一年後，再添新「航線」。日本B聯盟一級（B1）❽球隊滋賀湖泊宣布，政大雄鷹籃球隊控衛游艾喆以「亞洲外援」加盟，游艾喆寫下歷史，成為自大

註❺ 世界大學籃球系列賽（World University Basketball Series），以下全書使用簡稱WUBS。
註❻ 國家大學體育協會（National Collegiate Athletic Association），以下全書使用簡稱NCAA。
註❼ 中國男子籃球職業聯賽（Chinese Basketball Association），以下全書使用簡稱CBA。
註❽ B聯賽（B.League），全名為日本職業籃球聯賽。目前共分三級，第一級簡稱B1，以下全書使用簡稱B1。

學籃壇直升日本B1球隊的台灣第一人！而這支日本一級職業隊，也和政大雄鷹結為姊妹球隊，展開進一步合作。

二〇二四年暑假，在新北市新莊舉行的傳統籃球賽事——威廉瓊斯盃，中華白隊陣容中就有五位出自政大雄鷹籃球隊的球員：林彥廷、游艾喆、宋昕澔、吳志鍇以及來自塞內加爾的莫巴耶！

政大雄鷹持續培養籃球人才。二〇二〇年九月職業籃球聯盟PLG❾創立、二〇二一年五月T1聯盟❿成立，加上先前就存在的超級籃球聯賽SBL，有志挑戰職業籃球的政大雄鷹球員，有多人陸續投入，包含「左手怪傑」洪楷傑、「政大精神」王振原、「優質長人」王詠誠、「五冠後衛」林勵，以及「防守悍將」涂亦含等。

二〇二二年七月，前鋒張鎮衙成為台灣職籃聯盟PLG選秀狀元，加入桃園領航猿隊，寫下政大雄鷹隊史新頁；兩年後，二〇二四年七月，政大雄鷹共四名球員在PLG新人選秀大會中選，其中莫巴耶和李允傑包辦狀元和榜眼，分別由富邦勇士及臺南台鋼獵鷹籃球隊挑中，而提前投入選秀的莊朝勝和曾獲大專籃球聯賽FMVP榮銜的王凱裕，也分別在第二輪第一與第三順位，被高雄17直播鋼鐵人隊選中。

全程緊盯選秀會直播的領隊姜豐年，掩不住內心激動，眼眶已然泛紅，每一批雄鷹小學弟的成長茁壯，都是他最驕傲的成就。此時助理一句：「姜董先別哭！先想想，萬一他們同時出賽，要看哪一邊？」甜蜜的「煩惱」，讓姜豐年破涕為笑！

「這真是豐收的一年！」陳子威回首「雄鷹之路」，一路走來已是七年。無論是培育人才輸出海外，或在台灣職籃選秀的成功，「對政大來說是一大肯定。」而在「冠軍班底」先後畢業並投入職籃的同時，執行長孫秉宏與總教練陳子威領軍的教練團及制服組也持續思考著，政大雄鷹，又該如何繼續前進，迎向新的挑戰、飛向新的高度……。

註❾ P. LEAGUE+，為台灣男子職業籃球聯盟，以下全書使用簡稱PLG。
註❿ 社團法人台灣頂級職業籃球大聯盟（T1 League），以下全書使用簡稱T1。

02
「以為我做錯事了」——孫秉宏毅然自上海返台

二〇一六年，中國上海。

入主美國運動品牌DADA的姜豐年，將總部設於上海，團隊以最好的產品設計和質量，試圖將這個品牌重新做起來。姜豐年曾帶領新浪籃球隊赴中國CBA挑戰，很早就接觸中國體育市場，當時為國際品牌DADA布局，他以中國為主力市場，也計畫將產品深耕台灣。

那時，到北京體育大學（簡稱北體大）管理學院，攻讀教育學博士的孫秉宏，在取得博士學位前半年，就曾被邀請加入DADA品牌公司。但他沒有馬上答應，心想：「先把博士學位拿到，未來或許能幫上更多。」

二〇一五年北體大畢業後，孫秉宏隨即進入上海的DADA品牌公司擔任行銷主管，負責推廣品牌。那時中國大陸正瘋街頭籃球，公司簽下了名為「球場之王」（Court Kings，簡稱CK）的街頭籃球隊，網羅許多很會灌籃、彈性極佳的美國球員，到中國各城市做品牌活動。孫秉宏帶著四位CK球員，在北京、廣州等城市到處做活動，鮮少待在辦公室。

董事長姜豐年每月都到上海開月會。月會上，由各部門進行業務報告。通常，月會上午十時開始，中午十二時前結束、吃午餐。那天，已在公司工作一年多的孫秉宏，也在會中報告了近期的行銷活動。

「今天月會就差不多開到這裡。Stanley留下來，到我辦公室。」

Stanley是孫秉宏的英文名。「會後被要求留下來，通常都不是什麼好事。」他的腦中迅速上演著各種小劇場，「我做錯什麼事了嗎？」「姜董是嘉義高中學長，應該不至於這樣子？」「姜董衣服穿3XL、腳十二號，新產品也都拿給他了啊？」當時也負責公關品的孫秉宏，實在想不透，為何姜董要留他「單聊」。

「到底要幹嘛？」心中帶著些許忐忑和好奇，孫秉宏隨著姜董和特助走進董事長辦公室。

「你是北體大博士對吧？」特助倒是先開口了。

「怎麼開頭就講這個？是因為我的工作能力與表現，沒有相應到學歷嗎？」此時孫秉宏腦中的小劇場繼續上演，他馬上想起，剛報到時，人事部門的大姐曾用略帶誇張與揶揄的口吻對他說：「我們史丹利是『博士』。哎呀！看一下，體育，還可以念到博士……。」

「你看一下這個。」特助遞過來一份文件，好幾頁的A4白紙上，清楚印著：「政大甲組籃球隊成立計畫」。

「你覺得，這個可不可行？」接著換姜董開口了。

「學長，我都還沒看耶。」孫秉宏心裡這樣想，接過文件，趕緊瀏覽內容。

「記得學長是政大外交系畢業的。政大？籃球隊？」腦海中浮現的第一個念頭竟然是：「我以前也想追隨學長腳步考政大外交系啊！只是考不上。」

瞬間，孫秉宏就像墜入時光隧道一般，回想起二〇〇一年、就讀嘉義高中高三時，教練口中那位「很厲害、都在台北的學長」，把CBA新浪獅籃球隊和北京奧神籃球隊帶到了嘉義高中。也就從那時起，姜豐年成為孫秉宏的偶像，「從沒看過一個人那麼自信說，要買美國職籃NBA球隊。」

「這是我母校提供的一個提案，你看看，有沒有機會成。」姜豐年接著說。

孫秉宏馬上想到的是，人緣極佳的姜豐年在入主DADA品牌之後，許多人都曾希望來談「活動贊助」，想請姜董慷慨贊助球衣、球鞋。但看了手上的資料，發現這不是活動贊助，竟然是「要成立一支球隊」！

心情從起初的緊張、還以為自己做錯事，到此刻真相大白。孫秉宏對這個「組球隊」的新計畫很感興趣，他也感受到姜豐年「一定要做」，只是「要怎麼做」。

「我覺得滿有機會的。」孫秉宏回答，腦中很快有了「總教練」人選。

那時孫秉宏從北京剛去上海一年，在上海其實還有很多事可做，也沒有遭遇工作瓶頸。拿到博士學位之後，他原本想的就是繼續留在中國大陸工作。

但對這個「新任務」，孫秉宏第一時間只感到興奮，莫名有著高度興趣。

「這樣吧，你就負責擔任聯絡窗口。」姜豐年隨後就成立了各種群組，也讓孫秉宏與政大體育室主任王清欉，透過微信展開聯繫。

沒多久，孫秉宏毅然決然辭去這份上海DADA的工作。上海公司同事不清楚他為何辭職，有人以為他犯錯，也有財務同事笑他笨：「應該讓公司多付你兩個月薪水，讓你去找工作。」孫秉宏只回：「我找到工作了。」

大學讀的是臺北市立教育大學教育系，碩士班念的是臺灣師範大學運動與休閒管理研究所，孫秉宏還沒去北京讀博士前，喜歡球鞋的他，很想進運動品牌工作，特別是國際公司。到了北京，他也總想著，有朝一日能進美國職籃

NBA工作。取得北體大博士，又有國際籃球總會FIBA經紀人資格認證，有中國CBA球隊來問過他的工作意願，也有球隊找他擔任老闆特助，對於操作球隊，他是有興趣的。

到上海前，姜豐年曾推薦他到林書豪的大中華區經紀公司實習，若真要留下做正職，也有機會；而上海DADA的工作機會隨後出現了，孫秉宏一方面想報答貴人，一方面也想做運動品牌，決定接下挑戰。

離開台灣四、五年後，他思考著，父母漸有年紀，自己是時候與交往多年的女友結婚，婚後是一起到上海？或者就回台灣？就在這需要多方考量、並做出抉擇的時間點，「政大甲組籃球隊計畫」出現了。

仔細看過資料的孫秉宏，覺得這計畫愈看愈有意思。那時他的理解，這是個為期五年的捐贈案，是當時的政大校長周行一，請體育室王清欉主任做的。周行一校長希望姜豐年來支持母校，而捐贈可以有各種形式。正如同當時校友謝金河對姜豐年勸說的：「與其捐大樓，不如捐一支『活的』球隊？」

其實薪水、工作內容都沒談，孫秉宏彷彿隨著這個計畫，一起被「捐」了出來。有時他會想，不知道是不是彌補當年沒考上政大的遺憾？他本以為，「學長可能想藉這個任務，看看我的能力？」「五年專案結束，我應該就會再回上海吧？」

辭去上海工作、回到台灣的孫秉宏，先改到DADA台灣公司任職，以「品牌捐贈者代表」的角色，負責與政大體育室王主任洽談執行細節。他永遠忘不了，當王清欉主任知道「計畫通過了」，且「真的要做了」，那個驚訝的反應。他也發現，原本以為政大沒有籃球隊，其實早已有一支「校男籃」球隊。

剛回台灣的孫秉宏也忘不了，他第一次進政大校園那天。先從林口家搭巴士到台北市，再換車到木柵動物園站，他用走的到政大，走到滿頭大汗，這才發現「原來政大那麼遠」。那時，體育館正在整修，體育室的辦公室暫時改到四維堂後面的風雩樓。

風雩樓歷史悠久，早在一九六五年落成，本來是學生活動中心，提供社團活動使用。而「風雩」之名取自於《論語》，「浴乎沂，風乎舞雩，詠而歸」，意思是「在沂水裡沐浴，到舞雩台上吹風，然後唱著歌回家。」指孔子和幾位高徒聚會聊天，要求每個人談談志向，其中曾點回答了這段話，讓孔子贊同。

就在風雩樓，孫秉宏與體育室王清欉主任初次見面，而「政大甲組籃球隊計畫」，也在一次又一次的討論中，逐漸具體而清晰。

03 政大甲組男籃從零建隊——總教練會是誰？

「可以從零開始。」

就是這個想法讓孫秉宏感到興奮，但真的開始著手進行，「可能我想得太簡單了？」有時他會想，「我是不是太不知天高地厚？」「那時怎麼不知道怕？」

那時的政大體育室主任是王清欉，他自一九八七年起就到政大服務，二〇一六年，是他擔任體育室主任第二任期的第二年。

六月三日，正是第一屆政大音樂節舉辦的日子。體育館在整修，選在體育館前搭起了大舞台，有不同樂團上台表演。那天晚上，姜豐年帶著孫秉宏到政大風雩樓，向校方簡報「籌組政大男子甲組籃球隊合作計畫」。

那時，王清欉的心情很複雜，心想：「姜董應該會提出他心中的總教練人選。」但王清欉其實也有想法，他認為有個人選極其適合，無論人品、球技和帶隊能力都是一流。

孫秉宏透過簡報，逐一說明球隊與品牌的合作計畫、專業經理人學經歷，也提出了未來的行銷推廣策略，招生科系建議和願景。當時提出，這支政大男籃肩負著提升運動風氣，建立「愛政大、愛籃球」的學生認同感以及校友榮譽感，同時也期許向美國的NCAA名校看齊，建立屬於政大的籃球文化，包括吉祥物、標語以及專屬紀念品。姜豐年與孫秉宏也提議，舉辦「政大盃」世界名校籃球邀請賽，提升政大的全球能見度。

王清欉邊聽簡報，仍不免擔心著姜董會提出的「總教練人選」，到底會是誰？

直到那一頁簡報秀在眼前：「陳子威」。

「Yes! Bingo!」孫秉宏提出的人選，竟和王清欉心中期待的名單不謀而合，他在心中暗自吶喊著，「這真是太棒了」，心中的一塊大石終於落地。

王清欉希望由陳子威擔任這支新球隊的總教練，除了各種條件適合，還因為五月時，體育室教評會才通過了臺灣師大約聘講師兼籃球隊總教練陳子威到政大兼課的聘任案，在政大兼上四小時籃球課。王清欉原本就打算，請子威先來政大兼課，等有教師缺額，再聘他為專任。但若姜董對男籃總教練人選已經心有所屬，也可能打亂體育室對子威的聘任規劃。

簡報上清楚秀出了姜豐年與陳子威的握手合照，還有姜豐年、孫秉宏與陳子威的三人合照，上面寫著：「New Century Coming Up! 政大男籃新世紀來臨！」

但，為什麼選陳子威？

孫秉宏在上海DADA董事長辦公室首次看到「政大甲組男籃計畫」時，在他的腦海中，浮現的總教練第一人選，就是陳子威。那時他就想：「如果我和子威可以一起組球隊，就太好了！」

當時陳子威有著教練與球員的雙重身分。他在臺灣師大任教並且帶男籃隊，同時也身穿桃園璞園球衣，在超級籃球聯賽SBL舞台拚戰。身高二〇〇公分的他，有著「第四節先生」的美名，是深受球迷喜愛的高砲塔射手。

孫秉宏在DADA品牌公司工作期間，簽下陳子威擔任DADA球鞋的亞洲代言人。後來曾有謠傳，說這是孫秉宏為後續政大甲組男籃布局的精心安排，但其實，DADA在與陳子威簽約當時，完全不知道會有政大新球隊的計畫。

對孫秉宏來說，這只能用「緣分」來解釋。因為他認為，要從零開始組一支新球隊，要顧及的面向實在太多，「還是找最有默契的人選來合作，最好。」陳子威不只是DADA亞洲代言人，也和孫秉宏有著宛如「兄弟」般的情誼。

其實，自從姜豐年要在母校政大組建球隊的消息傳開，總教練會是誰？就引起籃壇諸多猜測。孫秉宏向姜豐年大力推薦了陳子威，同一時間有各種說法，「新浪獅那一批，隨便誰來都很強！」也有姜豐年以前的老戰友毛遂自薦：「豐年，難道我不能去幫你的隊練球嗎？」這麼熱門搶手的位子，一開始就鎖定陳子威，連姜豐年也笑說：「子威真的很好命！」

那一晚在政大風雩樓的簡報，開啟的，或許不只是政大男籃的新篇章。

孫秉宏必須加緊腳步籌組球隊，而對政大來說，行政層面，沒有前例可循，有賴體育室王清欉主任及秘書處郭彥妤秘書的大力支持，三人頻繁開會討論，解決問題。

王清欉是棒球專長，曾是威廉波特少棒國手。一九八四年自臺灣師大畢業後，實習、當兵、退伍，曾短暫在高雄文藻專科學校任教，那時政大徵棒球專長老師，「當然半夜也要衝上去」，王清欉獲錄取，就此展開在政大的教學生涯。王清欉也從沒想過，棒球人在政大竟會與籃球相遇，遇上了他體育行政路上的大貴人——姜豐年。

王清欉記得，昔日還沒有獨招，也曾經有成績不錯的再興高中籃球員，透過運動績優生甄試考試或甄審的管道，在政大張霖家老師聯繫下，進入政大就讀。至於運動績優生的獨招，後來教育部才開放。

那時再興的代表球員有檀伯強、花金國等，但短短幾年，政大男籃自二〇〇二年從男一級降級。王清欉回憶，當時不像後來政大雄鷹成立後，有那麼多資源照顧、為球員安排課輔，而再興球員進入大學後，面對融入系上與課業的多重困擾，「久而久之，系上老師也反感，接受度就下降了。」

在王清欉聽到周行一校長轉述：「有位校友要捐一支甲組籃球隊給學校」時，他第一時間心想：「怎麼可能！校長你開玩笑吧？」他馬上想起，過去當組長時，政大校務發展委員會曾經通過要成立甲組棒球隊，但實際真的去詢問有資格甄審、甄試的高中球隊，球員將政大的順位都排在最後。

王清欉分析，高中棒球員的第一志願優先打職棒，接著就是選擇有體育科系、甲組球隊的學校，「光是評估球員的來源，就有問題。」

「我們用政大的招牌，應該可以吸引好的選手。」校方的思維是如此，但實際情況是，好選手不會選擇到政大，而政大棒球隊能招收到的，大概最多就是球技平平、學業成績也不佳的球員了。

一想到這個「棒球經驗」，王清欉就覺得，政大要組甲組籃球隊談何容易？但不同的是，「籃球隊是有人要捐」，而他也對要捐籃球隊的這位「校友」，感到「怎麼可能」？

大約兩個月後，周行一校長又和王清欉主任提了一次。

那時正是農曆年前，校長到各處室拜年。當時體育館還沒改建，周校長到體育室，把王主任拉到一邊：「真的有校友要捐籃球隊。」儘管周校長沒有透露這位「校友」的名字，但王清欉判斷，既然校長會提第二次，應該是真有些眉目，在校長拜年過後，他隨即召集兩位體育室的組長討論，決定開始蒐集資料，先把中興大學、清華大學、交通大學等也有辦運動績優生（體育資優生）獨招的辦法找出來參考。發現這些國立大學，獨招是先看學測成績達到最低門檻，再考術科。

接著再試著找出，有哪幾所非體育相關科系的大學，設有甲組籃球隊。因為臺藝大籃球隊成績較好，甚至在二〇一二年三月，還拿過大專籃球聯賽男子組公開一級的冠軍，王清欉就帶著兩位組長，前去拜訪臺藝大體育室主任、師大學長劉榮聰。劉主任當天慷慨分享臺藝大籃球隊從無到有，所遭遇的種種問題，「這些經驗真的相當寶貴」。

蒐集資料後，王主任和組長等三人就開始草擬「政大甲組籃球隊」的書面計畫，也就是後來，姜豐年在上海交給孫秉宏的那份資料。

04 閃電退役——陳子威接掌政大男籃兵符

決定離開感情深厚的臺灣師大，對陳子威來說，並非容易的決定。球員六年再加執教七年，十三個年頭，太多回憶，豈能說放手就放手。

小時候打籃球，陳子威的夢想就是未來當體育老師和選國手。他很早就立定志向，或許因為爸媽總是擔心：「不知籃球可以打多久」，於是，南山高中畢業後他就選擇臺灣師大。大一時很混，但升上大二後，發現不能繼續這樣，子威開始認真上課，也修教育學程，持續為未來不打球的生涯——「當老師」做準備。他有意未來在大學任教，因此規劃再繼續念碩士班。

廿三歲的陳子威進入臺灣師大運動競技學系碩士班就讀，就在那時認識了就讀運動與休閒管理研究所碩士班的孫秉宏。孫秉宏隨著指導教授石明宗在師大男籃隊當管理，「那時他做很多雜事，服務球員。」

包括子威在內，那時的師大男籃球員其實都是職業球員，在師大練球時幾乎不太主動理人。但陳子威觀察，孫秉宏一直默默在球場服務大家，所以他常主動和孫秉宏聊天，有時球隊活動到外面聚餐，子威因為打職籃已有收入，也都刻意不讓秉宏出錢。

拿到碩士學位，年僅廿五歲的陳子威，很快在石明宗教授的信任與提攜下，接掌師大男籃總教練一職，同時他還是職業球員。連續好幾年，他每天早上六時就帶師大男籃晨操、練完接著自己職籃隊晨操，然後在師大上體育課，下午接著帶師大男籃訓練，晚上再接自己的職業隊訓練，教練、球員及老師身分轉換，一整天「無縫接軌」，但陳子威從不覺得辛苦。

對子威來說，那是一段持續吸收養分的精華時期，執教師大男籃，幫助他自己在職籃場上也更進步，相輔相成。但他也因為帶隊，強烈責任感使然，即使連續好幾年都入選中華隊名單，但他都選擇放棄國手資歷。事後回想，尤以放棄四年一次的亞運國手資歷，最讓子威後悔。

二〇一二年八月十四日，或許是陳子威從小到大，心情最複雜的一天。

那是迎接大兒子小鐵來到這世上的日子，預產期就是那天。陳子威當天依行程從達欣隊練完球回家，滿心期待要當爸爸了，卻沒想過，那晚他竟要面對一連串從未想過的狀況。

他和太太一起上了救護車，趕到醫院那段路，感覺好長好長。醫生告訴子威，小鐵出生時沒有呼吸心跳，要緊急搶救，還向他遞上了病危通知。他一想到太太正承受著身體的苦痛，而夫妻兩人殷殷企盼的第一個孩子竟有可能不保，那種心痛，讓人難以承受。

「小鐵是被搶救回來的孩子。」醫生後來告知，嬰兒缺氧三分鐘，經過急救五分鐘後，才終於有了呼吸心跳。那是讓子威心如刀割的時刻，六神無主，很需要人陪伴。

那時有兩個人馬上趕到醫院，一是子威從小一起長大的摯友小古，另一個，就是當時剛錄取北京體育大學的孫秉宏。秉宏二話不說，從近師大分部的住處趕去婦幼醫院，眼前是幾近崩潰的子威：「我第一個孩子，怎麼會這樣……。」

那一夜真的難熬。子威和秉宏在婦幼醫院對面的便利商店，一人一瓶啤酒，就這樣坐到隔天天亮。小鐵身體受到影響，但所幸母子都平安。子威一直很感謝這個能讓他掏心掏肺的「兄弟」，在他人生這麼重要的時間點，那時陪在身邊。

兒子的狀況，子威絕口不對師大男籃球員提起。他如常地帶球隊，即使內心常感到煎熬，但他承受著，不想因私事影響該做的工作。

二〇一四年二月廿一日，UBA複賽，臺灣師大男籃在自家主場，迎戰義守大學。兩隊爆發UBA賽史廿七年來最嚴重肢體衝突，當場裁判就做出沒收比賽決定，並判決本季完賽成績取消。

隔天，經過三小時會議協商，參與投票的九名委員有六人認為是「明確鬥毆」，依照規章，臺灣師大和義守大學男籃都不得參加一〇三學年度的比賽。

也就是說，兩隊都遭禁賽一年。除了一〇二學年當季成績不算，一〇三學年遭禁賽，一〇四學年要從公開男子組二級開始打，爭取一〇五學年重返一級的資格。依照規定，就算兩校低年級球員設法轉學，下學年也無法在UBA出賽。

那時孫秉宏已經在北京體大讀博士，寒假回台灣，第一場看的比賽，竟然就全程目擊了這起嚴重的UBA打架事件。他懂子威這些年來的心情，也能體會子威是多麼用心在帶隊，卻遇上了這個棘手的狀況。

「那是我最低潮的時候。家庭、球隊，似乎我都沒顧好。」陳子威回憶那段時期，他知道，只能加倍努力。他帶領師大男籃走過禁賽風波，從二級一起拚回來。二〇一七年三月十九日，臺灣師大在UBA公開男一級冠軍戰，以七十二比八十不敵健行科大，健行科大首奪UBA冠軍。

「收尾沒有收好。」陳子威的這場臺灣師大「告別作」沒能以冠軍作收，但他為師大學生也是學弟感到驕傲，賽後一一和每個人擁抱，「我能有不一樣的人生，感謝臺灣師大的栽培。」

告別臺灣師大前，陳子威先告別了職業籃球員舞台。一月十四日，效力於桃園璞園籃球隊的子威，在家鄉中壢的中原大學體育館、SBL例行賽閃電宣布，這是他職業生涯的最後賽季，賽季結束，也是他將高掛球鞋退役的時刻。從SBL開季到第十四季，陳子威和SBL一起走過十四年。媒體報導，「陳子威的下一步幾乎底定，將前進政大，擔任男籃總教練。」

當天陳子威發表了題為〈中壢、籃球與SBL〉的引退聲明，宣告告別SBL舞台，並結束球員生涯。引退聲明中寫著：「中壢是我的籃球啟蒙地……，高中我就離開這個啟蒙地四處奔波，從沒想過可以在家鄉打球……。我並不是不能繼續再打下去，而是我能在一個自己可以選擇的適當時機，離開這個舞台，有機會在自己的家鄉，跟大家宣布這個消息。」

「我從一個行為偏差的中學生，到國立大學籃球校隊球員，入選中華男籃代表隊，努力苦讀擁有碩士學位，到現在有一份不錯的工作、穩定的收入和美滿的家庭，籃球對我意義重大，我自己都無法想像，沒有籃球的陳子威，會是什麼樣子？」

「我會用感恩的心，盡最大努力回饋台灣籃球。」陳子威在引退聲明中，感謝了許多人，包括璞園籃球隊董事長李忠恕的成全。原來，決心創辦政大雄鷹籃球隊的姜豐年接受了孫秉宏的推薦，他拜託李董，准許陳子威提前解約，到政大帶隊。

二月廿五日，璞園為陳子威舉辦引退儀式，過往達欣籃球隊的隊友范耿祥、王志群等人也到場祝福。當時還是臺灣師大男籃教練的陳子威，因為趕場而遲到，他在中場引退儀式中先向球迷說抱歉，並感謝一路貴人相助及太太的支持包容，直說自己實在非常幸運。當天，子威退役後接掌政大男籃的新動向已不是秘密，他對大家說：「不想說再見，相信不久後，可以在台灣籃球圈繼續服務。」

五月十二日，政治大學男籃隊舉行成軍記者會。陳子威穿著印有NCCU及球隊雄鷹標誌的藍色上衣亮相，他以總教練身分帶領六名身材顯得瘦削的新生出席，球員包括畢業自高苑工商的田浩、洪楷傑、朱力勳、黃博暄，以及南山高中吳冠誼和能仁家商王詠誠。

05 招生萬事起頭難——高苑五虎成政大班底

陳子威簽約成為DADA品牌亞洲代言人時，還不曾和姜豐年董事長見面。兩人的初見面，是在二〇一六年五月下旬，DADA 2016 FIBA 三對三台北資格賽，當時比賽辦在台北新生高架橋籃球場，逾百隊報名。

那時，姜豐年也請子威為政大甲組男籃計畫提建議。陳子威認為，學校的科系一定要支持，科系若不支持就很難成事。而最初的建隊計畫在制服組的編制也較精簡，僅規劃球隊總監與總教練，再搭配一位助理教練與一名防護員。

姜董接受孫秉宏的提議，邀請陳子威從臺灣師大轉戰政大。陳子威在臺灣師大以「競技系講師」應聘，他執教七年、一年一聘、非正式名額；而他同時打職籃，蠟燭兩頭燒，相當疲累也不算穩定。

就情感面，子威還是會不捨與師大的深厚感情，但也感謝石明宗教授的理解與成全；就現實理智面，除了到政大能有正式教職，房子買在木柵，考量離家近，若自己的小孩未來念實小、附中也都很好，儘管組建新球隊從零開始，可想而知將很辛苦。

最初姜豐年和政大校長周行一討論時，就認為球隊總教練必須是「專任」，也和校長談，具博士學歷的孫秉宏進入政大任教，同時擔任球隊總監。孫秉宏倒是從未把「在大學教書」列為人生規劃，他不認為自己能教書，而是希望以專業經理人角色，好好經營球隊。

「球隊要穩，先穩總教練。」孫秉宏認為，若政大只有一個職缺，當然優先提供子威，他很清楚子威家庭的情況，如果不是正式教職，子威恐怕暫時很難放掉SBL球員角色。

有了總教練，下一步就是找球員。

二〇一六年十一月，孫秉宏回到台灣，沒有太多時間耽擱，很快他就利用高中籃球聯賽HBL❶賽事在高雄巨蛋舉行的時機，到現場去拜訪高中球隊教練，尤其希望能向幾所HBL勁旅學校球隊招手。

他帶著印有「政大籃球隊專案經理」頭銜的名片到高雄巨蛋，遇到所有教練都發。而陳子威因當時還帶師大男籃，不便出面；孫秉宏單槍匹馬去招生，幾乎都是碰壁。一方面，過去他在師大男籃擔任管理，負責幕後工作，加上前幾年他都在中國大陸發展，高中球隊的教練其實對他不太熟悉。

「教練是？」「陳子威。」「陳子威不是帶師大嗎？」「嗯，我們是政大，球隊即將成立，子威會過來。」這樣的對話一再重複著。

「喔，這樣啊，再聯絡。」得到的回應幾乎如此，或者是「喔？政大有籃球隊？」

后綜高中的戴金鼎是那時唯一主動向孫秉宏推薦學生的老師。他問孫秉宏：「你們這個是要讀書的對不對？那我的學生很適合！」

政大校長周行一也曾主動提議，想陪孫秉宏去高中球隊招生，他認為「政大招牌」當然是加分，但他不知道，高中球隊那時其實不是這樣想的。

孫秉宏在高雄住了一兩晚，不免有些挫折感，因為「沒有確定任一個球員。」

戴金鼎認為，體育圈很多消息都是真真假假，吹噓的人多，真正拿錢出來做事的人很少，有人會誇大其詞，有時雷聲大雨點小。當他聽說政大要成立籃球隊時，馬上想到的是「要怎麼成立？怎麼運作？」「姜董對籃球是真愛，肯砸錢也願意捐，但政大會買帳嗎？要怎麼安排教練？」後來他聽說，國立政治大學真的開職缺給籃球隊，「這太難了！」戴金鼎也因此相信：「政大籃球隊是來真的了！」

「創隊第一年，誰敢去啦！」戴金鼎說，當年高中教練圈曾討論政大要創隊，第一件被討論的就是「教練會是誰？」但他自己更關注的是：「政大這樣做，就能拿冠軍嗎？」

註❶ 高中籃球聯賽（High School Basketball League），以下全書使用簡稱HBL。

陳子威列了些高中球員名單給孫秉宏，要他去拜訪詢問，但算一算，真的沒一人能確定。孫秉宏感覺「虛虛的」，要怎麼說服高中教練，把好球員送來從UBA二級開始打？

子威深思過，就算真的分別從不同學校各找一位球員來，恐怕也不好融合，「菜不好炒」，他有了新的想法。趁著南下到高雄師大比賽的機會，孫秉宏也南下高雄，兩人到橋頭火車站，等待高苑工商籃球隊教練、「田媽」田本玉和助理教練開車來接。

那是一次極為重要的「夜間招生」。

兩人帶著一份計畫到高苑工商籃球場，球員就坐在場中央，聽著孫秉宏和陳子威說明未來的規劃，介紹姜豐年董事長、以及進政大之後的科系等等。

謝文源坐在第一排，一雙大眼直盯著孫秉宏，邊聽講邊點頭，給予正面回饋表態：「我想去台北！」田浩坐在第三排，看起來像小孩在玩躲貓貓一樣；洪楷傑人雖然坐在現場，但看起來思緒像是不知飛去哪裡了。

子威的想法是，既然北部學校對於送學生到政大來有疑慮，不如試著跟高苑田本玉教練談談，「高三五個都收！」一方面，田媽能解決安排學生出路的問題，對政大來說，也等於有了班底，場上各個位置都有。

依照實力、表現和知名度，田浩和洪楷傑應該有機會去甲一級的大學隊，其他球員如果獨招，有人可能會去二級隊伍。但當晚還是無法馬上確定，是否高苑五虎都來政大。

後來田媽一一回覆，四位球員陸續確定來政大，唯一沒點頭的是高雄在地的朱力勳，他思考半天，希望留在高苑科大半工半讀。「可能家裡不願意讓力勳北上。」田本玉說，「力勳很確定不會去政大了。」

這個消息讓子威和秉宏頗失望，但也希望力勳能再考慮。因為力勳身高一九二公分、大其他人一歲，又乖又穩重，是當屆高苑的隊長，實在很希望他來政大。子威評估，還是需要打同位置的長人，於是孫秉宏也還是嘗試到其他幾所高中籃球名校尋才，也藉此機會多方開拓，希望能和更多的高中籃球隊建立起進一步聯繫溝通的管道。

誰想到，峰迴路轉，後來竟然很快接到了田本玉教練的來電。電話那頭的田媽興奮說，「我跟你說，我說服力動了啦！」後來才知道，力勳的國中教練加入勸說，讓力勳改變心意，子威和秉宏喜出望外，非常感謝田本玉教練大力幫忙。

田本玉教練與姜豐年也有個特別的緣分。姜豐年創辦的久周文化，二〇〇四年曾出版《春風化雨之教練與我》一書，書中第五章的主角人物就是「金嗓鐵娘子」田本玉，書中記錄田本玉用吼聲和淚水飆出新勁旅的歷程。

在確定高苑五位畢業球員全數加入政大的籃球隊後，高苑工商職業學校董事長余政憲特地北上拜訪姜豐年，他請姜董能多多照顧這五個高苑的孩子。那天會面後，姜豐年有感而發，對著陳子威和孫秉宏說：「要把孩子交付給別人，真是很不容易的一件事……。」

06

獨招再添二好手——「政大雄鷹」正式成軍

一支籃球隊，光是高苑五虎點頭加入，當然還不夠，子威和秉宏還得再加把勁招募，努力補強陣容。

而若真有球員願意來政大新球隊，有哪些科系能提供名額接受體保生，也得充分和師長溝通。不僅這些，所有一切關於組建球隊的行政事務，以及像是隊名、吉祥物、LOGO設計等等，也得把握時間，加緊腳步同步進行。

和子威從南山高中、臺灣師大到達欣工程隊都一起的南山高中教練許時清，力薦高三主力、前鋒吳冠誼加入政大；同時，子威也鎖定了能仁家商的王詠誠。

那時U18亞青中華男籃隊，許時清擔任總教練，子威也在教練團，帶領一批年輕好手，備戰七月下旬在伊朗德黑蘭舉行的亞洲十八歲級青年男籃錦標賽，球員陣容包括周桂羽、高國豪、謝亞軒、王詠誠、曾祥鈞、張鎮衙等人。

有過U18代表隊的相處經驗，子威希望王詠誠能加入政大。於是一連好幾天，孫秉宏展現誠意、緊迫盯人，開車到能仁家商載王詠誠到政大看環境。除了到山上看室外球場，也去看詠誠較有興趣的傳播學院。

時任傳播學院院長林元輝教授，二〇二二年三月在政大雄鷹完成UBA連霸後，曾撰文回憶當年傳院接受體保生的往事。林元輝說，籌組籃球隊時，體育室主任王清欉帶著孫秉宏拜會各院系，請求招生名額保障體育優秀類，但各院幾乎都婉拒。「我徵得大學部陳儒修副院長同意，第一年先給一個名額試水溫。」林元輝那時考量「運動產業比新聞產業興旺，遠景可期。」而「體育或運動傳播也是傳院師生可開發的沃野」！

林元輝教授文中也提到，「孫秉宏傳達姜先生創隊的理念，是球員不能只會打球，學業也要跟上，品德也要修養……」這也和林教授的期待不謀而合。

那時政大體育館正在整修，外牆掛著斗大的八個大字「九十政大．萬里圖南」。秉宏每天從風雩樓看向操場方向，就看到這八個大字，看著看著，他的腦海中逐漸浮現出這句：「政大九〇，雄鷹降臨」。

「怎麼樣？學校是不是很漂亮？」秉宏滿心期待詠誠給個正面回應，但詠誠臉上沒太多表情，只說：「還好。」

好像不管怎麼問、問什麼，詠誠惜字如金，標準答案都只有：「還好。」秉宏再示好：「這裡有些DADA贊助的裝備，你先拿回去適應看看？」

「我們教練說，不要隨便拿人家東西。」完全沒想到會得到這個回答，秉宏哭笑不得：「哎呀，我剛是測試你而已啦。」「那……明天怎麼樣？明天還來政大嗎？」

「明天教練安排我去臺藝大訓練。」詠誠回答得很直接。

那時詠誠正在抉擇，自能仁畢業後要去哪所大學；也曾聽說，另一所大學連他的球衣都做好了。後來孫秉宏有個機會見到詠誠的爸媽。

「孫老師，我們說真的，詠誠去政大，真的讀得完嗎？」家長憂心忡忡，「他以前是連課本都很少碰耶。」「真的可以！」孫秉宏向詠誠的爸媽信心喊話，「雖然我和子威都不是政大畢業的，但只要詠誠願意，搞不好進政大會念出興趣啊！」詠誠爸媽看起來還是一臉懷疑，孫秉宏進一步勸說：「我會陪詠誠去上課！我能做到這樣。」

直到獨招線上報名的最後一天，孫秉宏接到詠誠爸爸的電話。「孫老師，那……要怎麼報名？」經過長考，王詠誠決定加入政大了！孫秉宏馬上開車到中壢，和詠誠爸爸約在子威家開的 Plan Bee 小蜜蜂手工豆花，兩人當面談、收妥報名文件，完成轉帳報名手續。

成功補進王詠誠和吳冠誼！第一屆政大籃球隊採獨招與甄審方式，「湊」成七名球員。

孫秉宏在二〇一七年二月一日，以專案「助理教授」先入職政大，三月馬上辦獨立招生，五月政大雄鷹就舉行成軍記者會，總教練陳子威則在八月一日入職政大。

秉宏和子威很清楚，絲毫沒有時間浪費，成軍第一年就得積極把握，全力爭取衝進UBA一級。若是不幸沒能成功，整個故事都會不同……。

而「雄鷹」這個名字，是孫秉宏想出來的。

難道不能就稱「政治大學籃球隊」嗎？孫秉宏認為，姜學長捐籃球隊給母校政大，本身即是件特別的事，若取個響亮名號，再搭配吉祥物，不只讓人印象深刻，能與政大師生和球迷有更多互動，後續要為球隊做宣傳行銷，也有著力點。

姜豐年一向點子超多，但對這支新球隊的隊名和吉祥物，倒是沒有主動建議。孫秉宏天馬行空發想，從「最強的」與「姜豐年」兩大概念出發，他的各種想法，就靠著視覺顧問李士平的巧手巧思，把所有創意具象化，設計出一系列隊徽、隊服與加油服等。

秉宏想到的關鍵字如「國王」、「勇者」、「開拓者」，腦海中浮現「拿破崙拿著望遠鏡」的圖像，感覺也頗搭政大學術氣息……，念頭一轉又想，或許不一定要「人物」？政大常下雨閃電，叫「雷電」也很猛？如果用政大校名NCCU的C，能想到什麼？若是選動物為代表，既然打籃球跑跳都要厲害，要拚防守、要兇悍，應該要選猛獸！

常一個人開著車、在政大山上看環境、找靈感，也消化各種情緒的孫秉宏，偶然想到了「獅鷲獸」(Griffin)。那是一種傳說中的生物，擁有獅身及鷹的頭、喙和翅膀；獅和鷹分別稱雄於陸地和天空，是非常厲害的動物。

但「獅鷲」二字念起來實在不太順口。一天秉宏開車經過木柵高工河堤時，看到牆面彩繪上繪有保育類野生動物、台灣最壯碩留棲性猛禽「熊鷹」的剪影，他靈機一動，「雄」獅加上飛「鷹」這樣夠強了，不如球隊就取名為「雄鷹」，就叫「政大雄鷹」！

孫秉宏曾到校務會議報告說明，為何選擇NCCU Griffins，是因為期許球員用獅與鷹的利爪，在場上撕裂對手防線。有師長提議：「為何不選台灣藍鵲？也很兇悍啊！」經過校內票選，「政大雄鷹」隊名確認！

政大九十周年政大雄鷹創立，球隊的主視覺設計，左側鷹首從數字九演變而來，右側的獅鬃包含數字0的意象，整體呈現出點燃火焰、火炬燃燒且傳承榮耀的概念。孫秉宏說，期待著這支球隊能爭取最高榮耀，設計之初，就把皇冠放上去。

隨之設計的吉祥物取名「高飛」。其實當時曾有政大的學長姐興奮提議，將吉祥物取名為「高分」，理由是覺得高飛讓人想到迪士尼角色「高飛狗」，另一方面也希望球隊學生能夠讀書「得高分」。

但秉宏堅持，「飛」的感覺要保留，「振（政）翅高飛」，他想著，或許未來超過一半的球員不會接著打職籃，但期望雄鷹的孩子，未來無論在任何領域都能發揮自我獨特價值，鵬程萬里。

二〇一七年五月十二日，政大雄鷹籃球隊成軍典禮在政大校史室舉行，姜豐年領隊與周行一校長率多位政大師長、總監孫秉宏、總教練陳子威、助理教練鍾忻宸及六名獨招正取球員亮相。中華民國籃球協會理事長丁守中、璞園建築董事長李忠恕及特助陳信安等，應邀到場祝賀。

政大雄鷹吉祥物高飛（第一版）身著NCCU 90號藍色球衣亮相。合照時，姜豐年率領球隊成員，整齊地比出了象徵利爪的「政大雄鷹右手C」手勢。

獨招六名HBL好手將分別進入五個科系，洪楷傑和朱力勳地政系、田浩民族系、吳冠誼成為姜豐年學弟，選了外交系；王詠誠進入傳播學院（大一大二不分系）、黃博暄則是讀土耳其語文學系。

政大籃球隊將從公開二級出發。儘管人手還沒到齊，但記者會當天，陳子威公開宣示：「目標一年挺進UBA公開一級。」他也霸氣喊出：「設定五年計畫，目標五年內摘冠！」

07 政大七六人隊——力拚升上公開一級

美國職籃NBA有支費城76人隊（Philadelphia 76ers），名為76人，是為了向一七七六年在費城簽署美國獨立宣言的偉人致敬。而政大雄鷹成立第一年的成員組合，孫秉宏笑稱是「政大76人隊」，因為除了有獨招加甄審共七名球員，還有六名在九月開學之後、透過「校內選秀」入隊的學生球員。

雄鷹成軍第一年的目標只有一個：拚上公開一級。

如果真的沒能升上一級，大不了再花一年繼續拚？「錯！故事可能就完全不同了。」孫秉宏說，當時大家都不知害怕；但後來回想，如果第一年真的沒能拚上一級，田浩、洪楷傑很可能轉學到其他一級球隊的學校，而南山高中的射手張鎮衙、李允傑，也幾乎不可能接著來到政大。

但這第一年，真的非常辛苦。

五月中舉行成軍記者會後，二〇一七年六月十九日，政大雄鷹正式開訓，十二月就要打UBA公開二級的預賽，絲毫沒有時間浪費。左撇子中鋒朱力勳擔任第一屆雄鷹隊長，副隊長是前鋒吳冠誼。

朱力勳在高雄大樹國中國三那年，才加入學校社團性質的籃球隊，不過，球隊成立僅一年就解散，教練將他介紹給高苑工商籃球隊的田本玉教練，開啟了力勳的甲組之路。當時高中籃球聯賽HBL賽事火紅，力勳也曾嚮往「在電視上打球」的感覺。

「國三升高一那暑假，真是滿煎熬的。」從素人到甲組球隊，朱力勳雖然也為自己做了心理建設，但實際經歷過訓練強度，還是感到震撼，「還好有撐過去！」高中畢業後，力勳一度不想再打籃球，但最終還是被國中教練與高苑田教練說服，接受了「規劃不錯」的政大。

從高雄北上政大，暑假開始練球，因為球隊人太少，就連輪替都成問題，練起球來格外辛苦。

那時政大體育館還在整修，山上的室外風雨球場就成了初代雄鷹的訓練基地。無論酷熱、颳風或下雨，七位雄鷹球員必須把握時間精進球技，也提升團隊默契。聽到消息的校男籃學生，那時也有幾人主動到場加入練球。「超怕一般生受不了會跑掉！但他們有撐住，真的滿厲害的。」朱力勳說。

「我們一天要爬兩次山！」山上球場的蚊子多不說，練球練到天黑時，球員常累到直喊「沒辦法走下山」。加上球場的地面是瀝青材質，只要摔一下，恐怕就兩三天得休兵，無法練球。朱力勳就曾因為地面沙子多，在練球時滑倒，手掌骨折，那時差點開刀，「大概是我籃球生涯受過最嚴重的傷。」

此外，雖然球場有架設頂棚，但卻遮不了雨，場地的排水效果又有限，要繼續練球，就得拿刮水器，努力把水往外掃。教練團常發現，球員怎麼是把水往球場內掃？場內的水反而愈掃愈多？這讓教練團哭笑不得，心想：大概是練球真的太苦了，球員只能出奇招，多爭取一點休息時間。

開始練球後，每天似乎都得面對不同的問題。高苑五虎雖結伴到政大，但五人個性都不同，洪楷傑是標準的「省話一哥」，田浩則常有鬼點子開隊員玩笑，帶來很多歡樂。新球隊需要磨合，球隊文化也還在一點一滴建立。

子威自執教以來，帶隊風格就以嚴格與兇悍著稱，帶領這支新球隊，面對不受控的球員，也得常扮黑臉。暑假練球著實辛苦，有機會就到其他學校打友誼賽；努力練球同時，也要培養感情和默契，騎腳踏車、玩水、烤肉活動都沒少，全隊曾到子威家聚餐；而姜學長也找空檔慰勞大家，請全隊吃飯。

政大雄鷹很快建立了臉書粉絲專頁與Instagram，透過社群媒體，希望讓更多人逐漸認識這支球隊。八月底迎來成軍後的第一個盃賽——中州盃，全隊以學習心態出賽，第一戰就遇上一級球隊中州科大，最終以六八比七三輸球。

招兵買馬仍是重要目標。雄鷹隊公告，開學後三周內辦選秀會，藉以選出政大校內的籃球好手，一起為升上公開一級而拚戰。

九月十三日傍晚，就在整修後的政大體育館，舉行「政大雄鷹選秀會」。

選秀標準除了基本體能、籃球技術，還有五對五全場。當天吸引了不少喜愛籃球的政大學生報名參加，最終選出了六人：呂振霖、黃立承、王璟諭、謝沅融、林永昌與施致瑋。至此，政大雄鷹「76人隊」正式組成！但隨之而來的考驗，才正要開始……。

「體保生」和「一般生」，無論體能、技術和觀念，各方面本就有落差，如今組隊要一起挑戰「升級」，實在是不容易的任務。加上開學後，球員還有面對課業的壓力和焦慮，必須不斷在練球與課業上試圖取得平衡。「我們第一屆，很多人都在看我們的學業能不能過關。」朱力勳說，「會有壓力，但也不會去想太多。」

「系上學長姐都說，必修的土地法是『大魔王』！」就讀地政系的朱力勳笑說，「微積分我反而沒那麼怕。我的微積分還是德國老師教，全英文授課，那時孫老師真的陪我去上課。」

孫秉宏鼓勵球員兼顧「籃板（打球）與黑板（課業）」，期許用籃球開啟政大的新篇章；而在球場上，子威則強調「團隊精神」——「我們非我（We Not Me）」的理念。不過，由於新團隊仍在磨合，團隊氣氛大多時候相當緊繃。

選秀大約三個月後，十二月十日，UBA公開男二級賽季展開，分為預賽、複賽與決賽三階段，決賽前四名的球隊能升上公開一級。預賽在臺北商大舉行。政大雄鷹表現如何？許多人都在關注。

結果揭曉，前兩戰分別以廿一分和三十二分優勢，先後擊敗經國學院和北區常勝軍東南科大，強勢的開季讓全隊士氣大振。「但我不覺得今年會很好打。」子威提醒球員：「只有拚勁還不夠，必須習慣這個層級的比賽強度，更快了解對手、並且適應裁判尺度。」

「拋開個人，打出團隊，才能走得長久。」陳子威深深相信。

休兵一日之後再戰，政大雄鷹僅僅以一分優勢，險勝地主臺北商大。這場比賽兩隊激戰到最後一秒，洪楷傑頂住壓力，關鍵上籃取分，幫助球隊演出逆轉，收下三連勝，隔天政大再以九二比三三的壓倒性優勢擊敗國北教大，四連勝登上北一區B組第一，進入排名賽。

四天後，同樣在臺北商大，進行四連戰。政大雄鷹接連擊敗台北海大、銘傳大學、實踐大學，但在最後一戰以兩分差惜敗醒吾科大，以北一區第二名之姿，晉級全國複賽。

第一階段目標達成！接下來，就是要在二〇一八年三月，力拚闖過複賽、並且在決賽中爭取前四名。競技場上永遠是殘酷的。那些汗水和淚水能不能獲得回報？似乎只有勇敢上場，打了才知道。

很快地，三月到來。公開男二級複賽在雲科大舉行，由於場地租借限制，要進行魔鬼賽程七連戰。

誰料到，就在準備南下雲林的前一天，謝文源練球時竟踩到林永昌的腳，他嚴重扭傷，左腳韌帶受傷！重要複賽在即，竟出了這個狀況，七六人隊當場變成六六人隊，這也代表著六個甲組球員，包括田浩、洪楷傑、吳冠誼等人，每場都得打滿四十分鐘！

到了雲科大UBA複賽戰場，政大雄鷹接連擊敗臺東科大、雲林科大、中原大學，第四戰與虎尾科大上演激戰，直到最後一秒，才以七〇比六九逆轉勝，驚險拿下四連勝。

那時在雲林，雄鷹可說一天產生一名傷兵，因為一般生沒遇過那樣的賽事強度，但雄鷹沒有退路，必須力拚分組第一，決賽才能取得對上第四的有利位置。

連日比賽沒有休兵日，對所有球員都是體能及意志的大考驗；二級賽事沒有轉播，若遇爭議判決，也無法透過回放爭取。但政大雄鷹延續連勝氣勢，接連又擊敗了宏國德霖、中山大學和靜宜大學，取得複賽全勝，成功挺進最後的十六強！

雲林回台北的高鐵上，苦於牙痛的姜豐年忍不住對秉宏和子威「抱怨」：「這幾天我都沒睡，而且球隊真的好吵！」他心裡清楚知道，在二級想贏球，真沒那麼容易，過程真的太艱苦了。

如今，終極目標就在眼前。複賽七連勝對雄鷹是一大鼓舞，但也是對身心的極大考驗。僅僅六天之後，全隊就得重返臺北商大，面對決賽「贏球或回家」（Win or Go home）的殘酷對決！

「依照成熟度與人手評估，若對上康寧、醒吾、北商等強隊，應該都是五五波、變數大。」孫秉宏說，「真的很恐怖！還好，在下我有貢獻。抽籤時，我用左手抽，抽到第一場對環球科大。」只要連續擊敗環球科大和交通大學，就能升上公開一級。

那時其他球隊激勵球員的話，不外乎是：「你們讀書都輸政大了，打球還要輸嗎？」言下之意，不想讓政大雄鷹證明，讀書和打球能兼顧；媒體也在關注，只要政大雄鷹贏球，就寫「又會打球又會念書」，即使球隊強調「我們是會打球，來政大學習念書」，但似乎沒人聽得進去。

十六強晉八面對環球科大，政大雄鷹以八三比六九贏球！隔天，八強晉四的對手是交通大學，政大以七一比五二獲勝，這關鍵一勝代表著公開一級門票到手，目標達成，媒體紛紛將政大雄鷹譽為「UBA新勢力」！

爭奪冠軍戰門票一役，政大以六八比七七不敵醒吾科大，落入季軍戰。季軍戰面對地主臺北商大，雄鷹以七五比六九獲勝，第一個賽季就以公開二級季軍作收。

下一個賽季，政大雄鷹真的要打公開一級了！

08 雄鷹教練團如虎添翼——達欣總教練范耿祥加入

闖進UBA公開男一級的政大雄鷹，第一年就拿下第六名。

迎戰下一個賽季，二〇一九年八月十六日，領隊姜豐年宣布，SBL元老球隊達欣工程的總教練范耿祥，加入政大雄鷹教練團，擔任助理教練，協助總教練陳子威。

范耿祥，台南新營人。國中時因為覺得籃球好玩，經常和哥哥、同學與鄰居到處打球。高一時，他打個菜市場盃，被新榮高中籃球隊教練看到，邀他加入球隊。那時范媽媽擔心范耿祥功課不好，原本希望他學美髮、半工半讀。范耿祥說，若加入球隊，學雜費全免，當媽媽還在考慮時，大他四歲的大哥極力支持，范耿祥就此正式踏上籃球路。

「子威十八歲時我們就認識了。」范耿祥大陳子威五歲。一次在一個菜市場盃，兩人同隊。讀臺灣體育學院的他，見子威身高兩米、能投外線，覺得「實在很甜」，雖然稍稍慢了一點，但可以練。那場比賽，范耿祥覺得，有幾球子威應該更積極拿球，「這種球要撲啊！」當時子威沒說什麼，直到兩人後來有機會聊起往事，子威才無奈笑說：「祥哥，那場地是水泥地，要怎麼撲啊！」

子威和祥哥實在有緣，在達欣工程籃球隊曾是隊友。後來范耿祥轉換成訓練員、助理教練，到當上總教練，角色雖轉換，但兩人的革命情感卻是愈來愈深厚。

范耿祥執教達欣兩年，二〇一九年五月十七日，達欣男籃發布聲明，決定退出超級籃球聯賽SBL，重返社會甲組聯賽，培育基層籃運與人才。范耿祥因此先休息，一所私立高中的籃球隊找上他執教，他簽了約，不久接到陳子威邀約他加入政大教練團的電話，即使第一時間就想答應，但責任心使然，還是只能婉拒子威，「我剛簽約，真的沒辦法。」

「那時我想，全力幫那支高中球隊把成績打好、把品牌做好。只是無奈，能使用的經費很有限，只讓球隊打一個盃賽。」范耿祥全心努力了兩個月，但他心裡很清楚，「以現在的種種條件，是不可能達成目標的。」於是他做出決定，主動打電話給陳子威問：「政大那邊，還有機會嗎？」

「真的是子威拯救我於水深火熱。」范耿祥如此形容。那時，走過創隊初期最苦兩年的政大雄鷹，軟硬體各方面都逐漸完整。

八月上旬，第一屆政大雄鷹盃名校籃球邀請賽在政大體育館舉行，賽事期間，姜豐年邀范耿祥在政大校門口的咖啡店聊聊，孫秉宏和陳子威也作陪。對范耿祥來說，那就像是一次「面試」。

儘管政大雄鷹隊先前曾和達欣打過友誼賽，也見過姜學長，但要和「大人物」姜學長這樣面對面聊天，對范耿祥來說還是頭一遭。他坦言，那天真的很緊張。儘管姜董說起話來慢條斯理、輕聲細語，相當「溫柔」，范耿祥的心情還是忐忑。

「我找人探聽過，看你有沒有什麼壞習慣。」姜豐年說，「還好，你都OK。」范耿祥剛鬆了一口氣，沒料到，姜豐年接著拋出一句：「你打過我的球員，你知道嗎？」

一抹調皮的笑意掛在姜豐年的嘴角，他對范耿祥說：「現在你又落在我手上了。」

二〇〇七年一月十二日那天的情景，馬上浮現在范耿祥的腦海，他知道姜董很幽默，連忙說：「抱歉啊！姜董，那時我年輕不懂事，以後不敢了。」子威和秉宏在旁也忍不住笑了出來，這大概就是「不打不相識」吧！

原來，超級籃球聯賽SBL第四季例行賽時，姜豐年帶領的東風隊，那天對上達欣。終場前一分十四秒，兩隊衝突，甚至演變成打群架。媒體報導，「達欣後衛張智峰因為抄球，順勢打到了東風隊中鋒簡嘉宏的頭部，裁判雖然吹犯規，但簡嘉宏情緒失控，追打對手。在追打過程中，達欣陳子威、姚俊傑和林宜輝聯手對簡嘉宏勒頸痛打，穿著西裝的訓練員范耿祥，兩度飛踢簡嘉宏。」

當時報導形容為「國內最嚴重的群架衝突」。

這段往事，被姜豐年這樣一提，讓范耿祥頗為不好意思。姜豐年後來還曾用大螢幕重播這段畫面，他每見范耿祥一次就講一次，虧他：「難怪祥哥和子威默契這麼好！」

那天和姜豐年「面試」後，范耿祥確定加入政大雄鷹教練團。當天他回家，興奮地告訴太太，太太佩雯也很開心，非常支持他轉戰政大的決定。

「因為是子威嘛！我們太了解對方，來政大就是幫他，沒想過位置。」范耿祥在達欣時，從球員、管理……，一路角色轉換，他很清楚，「什麼位子該做什麼，是助理教練，就把該做的事做好。我來政大就是輔助子威，球隊缺什麼，就去補足。」

回憶在達欣同隊的時光，范耿祥記憶猶新，平時很安靜的子威，練習很認真，「球場上很悍、私下卻很溫」，「那時達欣練體能，一直在長跑，子威幾乎都跑在中後集團。」那時練球之後，范耿祥常與田壘、王志群等人，約去海邊玩，「那時子威沒主動說，但我看他很想跟，就主動問他一起。他滿喜歡戶外的！」後來子威轉戰璞園，幾次達欣球員烤肉，范耿祥也都邀子威一起。

如今和子威「再續前緣」，加入政大雄鷹教練團之初，范耿祥發現，「一股負面情緒籠罩著球隊，氛圍沒那麼High」，球員可能想家、覺得練球太累，或者練不好，教練稍微嚴厲一點，就有很多負面想法。但他深信，「氣氛好，球隊成績才會好」，於是，祥哥加入政大的首要任務，就是讓球隊「歡樂多一點、負面少一點」。那時他花許多時間和球員聊天、給予建議，安撫球員情緒，向球員說明教練團的想法。

那時有主力球員的情緒起伏大，來來回回多次，已經影響到全隊的訓練和比賽。教練團成員眼見這樣有天分的球員，卻被自己的情緒控管問題限制，一個不開心就亂練，或展現在肢體動作上。儘管教練心裡再氣，還是耐著性子安撫、教育球員。

「因為想幫球隊拿好成績，我其實給自己滿大壓力。」總是帶動球隊氣氛的范耿祥坦言。那一季，各界看好政大雄鷹就能闖進UBA四強，飛進臺北小巨蛋，而最終雄鷹以第五名作收。「其實可以打更好，就差一步。」回憶當時，祥哥仍覺可惜，「那時球隊壓力大，而且，打一級的經驗太少了。」

「只能繼續練！」執教大學籃球隊，每年都有學長畢業、有新人入隊，范耿祥說，「無限輪迴，每年都是新挑戰。」但他慶幸，教練團所有成員與總教練陳子威的方向一致，都想讓球員和球隊變得更好。

那時「就差一步」的遺憾，化作新賽季「一定要拿到」的動力，「從開練那天，到奪冠的最後一刻，我們都沒有停止努力。」范耿祥像是墜入時光隧道，二〇二一年三月，政大雄鷹首度闖進UBA四強，且成功奪下隊史首座冠軍。當時姜豐年對范耿祥說，「沒有看錯你」，讓他感動到無法言語。

「天上的小星星，在夜裡很美麗……。」歌聲迴盪在休息室裡。

雄鷹隊中的原住民球員愈來愈多，阿美族歌手張震嶽的這首〈小星星〉，深得大家喜愛。范耿祥總在休息室帶動大家，牽起手來、圍成一圈，高唱這首自然而然形成的「隊歌」，代表大家在一起、努力做好每件事，若每顆星團結起來，光芒會更亮。「你是小星星，陪在我身邊，永遠不分離⋯⋯。」

09

外籍生遠道而來——來自塞內加爾的緣分

成軍第一年就成功升上UBA一級的政大雄鷹，制服組絲毫不敢懈怠，「五年內奪冠」的目標已經對外宣示，總教練陳子威時時思考著：該怎麼讓這支新球隊成長茁壯？

「高中的長人還沒人想來政大，不如，我們找外籍生，也能刺激本土球員的成長？」子威向秉宏提議。

「找外籍生？但要去哪裡找？」孫秉宏很快在腦中，把可能的管道都想了一遍。他首先想到的是：「不如去日本試試。」

那時他想，日本職籃有許多混血球員，印象中日本高中每隊似乎也不只一名這樣的球員，「你有四個，分我一個應該不難吧？」

每年日本都舉辦高中冬季盃籃球賽，孫秉宏決定飛一趟。原本能同行的一位台灣的高中教練，臨時因故無法成行，秉宏只得隻身前往。

冬季盃在日本東京代代木第二體育館舉行。秉宏心想，能省則省，訂了間離球場較遠、搭地鐵要花上至少半小時，位在小山坡上的旅館。天寒地凍，他拉著行李在寒風中獨自走著，邊思索著，等到了球場該怎麼進行。出發前，他除了向政大國際合作事務處要了些介紹政大的小冊子和小禮物；也向姜學長報告此行的目的，儘管秉宏對這趟任務完全沒把握。

冬季盃有從日本各地來的高中球隊，既然那些教練全不認識，就硬著頭皮、大膽陌生拜訪吧！他趁著這些高中球隊比賽完，上前先向日本教練送上一袋政大簡介加禮物，儘管講英文未必相通，但努力表達來意，先交換名片，再試著加 Line，或許未來還有機會聯絡……。但很快孫秉宏就發現，這些在日本高中的混血球員，幾乎都已拿到日本大學的獎學金，「我實在太天真了……。」

或許是室內外溫差太大，回到旅館，房內有暖氣，秉宏鼻血流不停，他一邊設法止血，一邊苦惱著：「姜學長知道我來日本找球員，一定會關心結果如何，但這趟又沒有收穫……。」才這樣想，手機就跳出一則訊息。

「明天有比賽嗎？我和Eva在東京，想去看比賽。兩張票。」是姜學長傳來訊息。

隔天秉宏起個大早，搭著地鐵，早早先到球場去買票，等候學長姐來看球賽。看學長姐一派輕鬆，散步而來。「你住到哪裡去了？」「報告學長，我就住……。」「怎麼不早說！我們家就在附近。」「這個……」秉宏搔搔頭，「不好意思……。」

儘管這趟東京行，孫秉宏沒能帶回外籍生好消息，倒是更了解日本籃球的體系和生態，他也親眼看到場上年僅高二的河村勇輝。回到旅館的他，鼻血還是流不停，很多畫面在他腦海裡，他想起雄鷹成軍前，獨自在高雄巨蛋陌生拜訪高中教練的往事，想到球隊成軍後大大小小的挑戰，也想著：「政大要找外籍生，還是得把『學生』身分放前面，或許球技差一點，但場外絕對不能出狀況……。」

從日本尋才這條路，看來行不通。但秉宏還想到一個人，不妨一試。

那是在臺灣師大就讀時，恩師石明宗教授介紹的「球友」，認識已一段時間，人很聰明、很好，個子很高，在宏碁擔任工程師，來自西非塞內加爾。秉宏想盡辦法問他。

「我老家鄰居是籃球教練，我來問問。」聽對方這麼說，秉宏燃起一線希望。

很快，對方就傳來三個年輕人的影片，分別是十六歲、十七歲、十九歲。影片拍攝地都在戶外水泥地籃球場，籃框是歪的，三個人拚命灌籃。從表現看來，十六歲那位最讓人喜歡，但年紀太小；十九歲那位，技巧生疏，但非常用力表現，三人中也只有他符合入學資格。找外籍生有時間壓力的秉宏，別無選擇，心想：「先設法讓他來台灣測試看看吧！」

塞內加爾位於西非，西臨大西洋，國土是台灣五倍大，人口約一八六〇萬，官方語言是法語，人民以信奉伊斯蘭教、天主教或傳統信仰為主。

這個十九歲的大男孩叫Omar，十五歲才開始接觸籃球，但非正規訓練。來台測試時態度很拚，那時用觀光簽證入境台灣也算方便。後來他用學中文的簽證來台，先到華語文中心。而進政大相關的學歷證明要翻譯、經過當地警察局和外交部認證，手續仍然費了一番功夫。

政大雄鷹的第一位外籍生，中文名取為「聶歐瑪」，「『聶』有三個『耳』，取這個姓，就是希望隊史第一位外籍生，一定要乖乖聽話。」來到桃園機場時，身形偏瘦的歐瑪穿著傳統長袍和皮質拖鞋，手上只拎一個塑膠袋，裡面裝著簡單的衣物。子威那天也趕到機場來看這個新人，順便也以自己的身高，量看看歐瑪到底多高。

那時還沒有國際生宿舍，安排歐瑪與本土球員同住，四人住一間，或許也能加快他適應台灣生活。但很快，本土球員就抗議了。

「老師！凌晨四點歐瑪就開燈，還讓不讓人睡覺啊！」「老師！這學弟怎麼這樣啦，懂不懂什麼是學長學弟啊！」「老師！我們覺得他『熊寶貝』用太重了啦……。」

原來，歐瑪是虔誠的穆斯林，凌晨時間一到，他就把宿舍燈全打開，起床祈禱。本土球員晨操前，突然被他這一開燈吵醒，火氣都上來了。

初來乍到的歐瑪，有些多災多難。一次到重量訓練室，幾個本土球員調皮，躲在樓梯旁學狗叫，本想嚇嚇他，誰知道歐瑪真的被突如其來的聲響嚇到，跌了一跤，腳很快腫起來。本土球員眼見闖了禍，但又不敢講，拍了照傳給孫老師看，隊上的防護師廖期新馬上帶歐瑪去就醫，發現他左腳骨折，才報到沒多久，就無法練球……。

雄鷹隊開始尋求外籍生，但並不希望球賽都由外籍生來扛，反而壓縮到本土球員空間，但也沒想過，第一個加入的聶歐瑪，根本籃球素人，跟不太上本土球員的節奏，起初他就連球也接不好。尤其當大家練球練到很疲累時，本土球員就會格外生氣，總覺得好不容易傳幾個好球，卻被砸鍋。而當歐瑪一受傷，孫秉宏也忍不住自問：「我是不是應該找兩個外籍生？」

但歐瑪很乖、很單純，也很努力。無論是因為信仰，或是因為想藉籃球翻轉人生、照顧家人，他都努力想增進自己的籃球表現。只是，來到政大，生活中那些讓人啼笑皆非的大小狀況還是不斷，像是跟隊友一起吃便當，差點不小心吃到滷肉，當歐瑪一發現「可能是豬肉？」就會馬上全吐出來，含著眼淚禱告；又或者蹲在體育館角落祈禱，無意間嚇到工友先生……，歐瑪也開始學會一些中文，「Stanley，他們教我說不好的話……。」

二〇一八年底，政大雄鷹升上公開一級的第一年，預賽第一場在高雄義守大學，迎戰國立高雄師範大學，雄鷹雖然以七三比六八獲勝，但聶歐瑪九分鐘五犯犯滿離場，他坐在場邊，用毛巾蒙著頭痛哭。

傻眼也無言的孫秉宏，球賽時就坐在姜豐年領隊旁邊，他見狀實在不太敢轉頭面對學長，只感覺肚子快痛死，看著歐瑪痛哭的他心想：「少年ㄟ，是我更想哭吧！」

「你怎麼找這個，看起來就不太會打球？」姜學長幽幽吐出這句。總教練陳子威後來在受訪時說：「先求有，再求好。歐瑪的身高、臂展和身體素質，相信能讓政大禁區無後顧之憂。」

聶歐瑪的UBA菜鳥球季，最終繳出場均八．七分、九．五個籃板及一．四次阻攻的表現，幫助政大雄鷹在這一年拿下第六名。

10 歐瑪手傷、恩迪接上——力挺連霸，感動教練團

聶歐瑪UBA首戰，才九分鐘就五犯的那天，實在太震撼。後來姜豐年曾問孫秉宏：「真的只能找到這個嗎？」也有本土球員曾經直接說，「老師，我們怎麼找剛打籃球的外籍生……？」同樣的問題，孫秉宏也在心裡問過自己千百次。

子威的想法是，球隊仍是以本土球員為主，找外籍生目的是輔助，幫忙守內線，如此一來，本土球員都能回到正常的攻守位置。但畢竟台灣和日本的球隊一樣，跑動速度較快，外籍生若是跟不上，反倒幫不上球隊的忙，秉宏著實也曾為此感到沮喪。

但他一直認為，穆斯林球員很好。塞內加爾球員有堅定的宗教信仰，也不

沾酒，「學生球員不碰酒，就會少很多麻煩」，他們對自己也有要求，相對來說比較乖，但秉宏也認同，「要找球技再成熟點的。」

升上一級的第一年，本土球員還在磨合，狀況本就不算少，如今外籍生歐瑪加入之後，大小狀況不斷，孫秉宏經常得打電話向姜豐年報告。「Stanley 每次打電話來，我心臟都跳很快。」有天姜豐年這樣說，孫秉宏心想：「讓學長有這印象真不太好，以後，偶爾沒事也要打給學長聊聊。」

升上一級後的第二年，同樣來自塞內加爾的丁恩迪加入雄鷹，他與歐瑪都由同一位教練推薦而來，過去兩人並不相識。許多塞內加爾的球員心裡明白，「有機會就要離開塞內加爾，離開，才有機會幫助家裡。」

二〇一八年五月廿四日，布吉納法索與我國斷交，原本那兒的大使館離塞內加爾最近，如此一來，非洲球員想來台灣更困難。

那時丁恩迪已在讀二年制大學，英文程度明顯比歐瑪更好，他也有更多打球經驗。恩迪身高兩米多，剛到台灣時體重卻僅八十多公斤，非常瘦。他戴著耳機、穿著球鞋T恤，明顯比較「潮」。

周五晚上人到台灣，隨即跑步、練球。儘管先前教練團都看過恩迪的打球影片，但人來台灣之後才發現，他跑起步來有些奇怪。隔天周六一早，孫秉宏就接到電話。「Help!」電話那頭的恩迪直說，「我膝蓋很痛，腫起來了。」防護師廖期新隨即帶恩迪去檢查，發現「傷到韌帶了，而且看來已經有段時間了」。

孫秉宏再次傻眼，找來恩迪直接問個清楚。「你知道這情況嗎？」「我不知道。」「回想看看，以前受過傷嗎？」「是有腫過，但是冰敷完就好了。」

秉宏判斷，或許是以前恩迪打球的強度不到，才沒發現，但這下該怎麼辦？還是要尊重球員本人，他問恩迪：「你要不要手術？手術的話，第一年就要休息了。」恩迪想了想，說：「這幾年我都這樣打，應該可以……，就綁著打吧。」秉宏提醒，「每一場打完膝蓋都會積水，傷到韌帶，就像是車子少了煞車，這樣的話，賽後就要去抽積水。」

頭兩年找來的外籍生都有「狀況」，秉宏壓力不小，難免也覺得煩躁，「菜是我買的，教練團要炒菜，很頭大！」後來子威提議，「不然我們飛到非洲去找吧！」子威認為，自己身高有兩米，到了非洲可以當人體量尺，找到比他高的，又能測試動作。他和秉宏真的花了近萬元，到萬芳醫院打黃熱病疫苗，只是，挨了好幾針，最後簽證卻沒拿到，只能作罷。

那是雄鷹升上公開一級的第二年，秉宏找來昔日在上海合作過的紀錄片導演「阿剛」林立剛，為雄鷹拍攝紀錄影片。練球時有人拍，球員個個都想表現，使出渾身解數，就為留下最帥的畫面。某天練球，阿剛在拍，歐瑪竟在罰球線前面一步起跳，但距離實在太遠，他碰到籃框、手一拉，整個人跌下來，緊急送醫，檢查之後手掌骨頭裂了，UBA新賽季只能先掛免戰牌。

「塞內加爾雙寶」這下二缺一，只能由丁恩迪挑大樑。自二〇一九年底展開的這個賽季，預賽第一天對上國立臺灣科技大學，恩迪以二十分、廿八個籃板的雙二十表現，幫助球隊以九〇比七四旗開得勝。

闖進公開一級的第一年，政大雄鷹拿下第六名。在本土球員招生情況不錯，又有兩名外籍生在陣中的情況下，包括政大學長姐在內的加油團，都高度期待雄鷹隊在公開一級第二年的表現，也有人更直接以逐年「六、四、二、一」的名次推進，為成軍之初「五年內奪冠」的目標，排下預設的「完美時程」。

但這一年，雄鷹未能搶進前四、飛進臺北小巨蛋，最終以第五名作收。二〇二〇年三月廿二日的UBA冠軍戰，由健行科大擊敗臺灣師大，完成二連霸，因為新冠疫情，閉門比賽，現場無觀眾。

新冠疫情也對雄鷹招募新的外籍生帶來影響。在丁恩迪之後，孫秉宏陸續又嘗試找了幾個外籍生，但有幾人都因為當時疫情下的種種限制，無法入境台灣，真正來到台灣的，只有歐力士。

歐力士來自歐洲拉脫維亞，瀕臨波羅的海，北鄰愛沙尼亞、南接立陶宛，東鄰俄羅斯，全國大約一八七萬人。他是由孫秉宏的一位球探朋友推薦，而拉脫維亞被我國列為友好國家，免簽三個月，要入境台灣不是問題，只是囿於疫情，入境之後，直接從桃園機場就先到防疫旅館，得隔離十四加七天。

算算日子，隔離期滿，孫秉宏和歐力士相約台北大稻埕附近的河堤籃球場，宛如「網友見面」。當天，秉宏人到了附近，遠遠看球場上有個老外在投籃，心想，那一定是歐力士了吧？他身材像是前鋒，應該不到二〇〇公分高。但他長途跋涉而來，還是趕快上前相認。

疫情肆虐，招募球員很難，出入境也難，當下秉宏只能轉換思維，「或許歐力士能給本土球員張鎮衙一些衝擊」，歐力士就此加入雄鷹，成為隊史第一位歐洲外籍生，他努力融入球隊體系，後來和隊友攜手拿下了政大雄鷹在UBA的第二冠及第三冠。

而聶歐瑪與丁恩迪都是雄鷹在UBA奪下首冠的成員。之後歐瑪投入職籃，在PLG新人選秀會，被新北國王以第一輪第七順位選中，二〇二三年則加盟SBL臺灣銀行隊。

丁恩迪在二〇二二年三月UBA四強決賽前，做出一項重大決定，讓教練團陳子威、范耿祥等人感動不已。

那時，雄鷹正尋求二連霸，決賽前，球隊基於紀律考量，決定將兩名大一球員禁練且禁賽，確定這兩名球員在決賽時不會登錄上場。

賽前近一周，陳子威和范耿祥討論過種種情況，包括恩迪膝傷，如果真不能打會如何、若打了又會如何。當時想，最壞情況是少了恩迪，「內線可能被對手打爆、籃板也會被抓爆。」子威、祥哥、秉宏與恩迪在政大體育室聊決賽，恩迪馬上說：「我想打。」

這個回應讓教練團感動不已。想到這些年朝夕相處，宛如家人般的情感，讓恩迪毫不遲疑說出：「我不想留下遺憾，我不想看著大家從小巨蛋哭著離開！」

「真的很感動，看到球員真心願意為球隊、為教練團拚戰（當然是安全防護之下）。」范耿祥回憶，當天恩迪的堅定態度，給了教練團很大信心和動力。回看努力爭取連霸的這一年，全隊流血流汗、有爭執也有淚水，但這些元素，都讓彼此間的革命情感更濃烈。

最終恩迪再次登上臺北小巨蛋，與隊友攜手同心，再次戴上了UBA冠軍帽。二〇二二年七月底，丁恩迪在PLG新人選秀會，以第一輪第四順位被桃園領航猿選中，也與當年的選秀狀元張鎮衙，再次成為隊友。

11 最強外籍生莫巴耶出現——孫秉宏是Siri？

從政大雄鷹升上UBA公開一級，到完成四連霸，這六個賽季，共有八位外籍生陸續入隊，其中最「特別」也最受矚目的，非「莫巴耶」莫屬。

二〇二二年暑假，已經完成UBA連霸的政大雄鷹，應邀飛往日本東京，參加第一屆WUBS世界大學籃球系列賽。那是台灣球迷首度見識莫巴耶的身手，驚豔不已。但其實，當時莫巴耶還沒有決定，是否在UBA新賽季加入政大。

究竟莫巴耶是從哪來的？當時就引發各種臆測。不只雄鷹球迷關心，其他的大學隊伍也高度關注。

故事要從更早之前開始說起。

孫秉宏過去也曾經接觸過在美國的球員，有純正美國人、本就拿美國護照的，也有非洲球員到美國讀書，拿到美國簽證的。其中拿到美簽的非洲球員，若是想來台灣，會比從非洲直接來更容易些，因為形同美國政府已經對其身分背景有所認證，英文溝通也大多沒有問題。

具有國際籃球總會FIBA經紀人證照的孫秉宏，每天的電子郵件信箱，都會收到來自各地的各種郵件。一天，他收到了一封信，寄信人是一位塞內加爾球員，信中自我介紹，他在菲律賓讀很好的大學、身高頗高，想在亞洲打職籃，毛遂自薦，問孫秉宏能否為他找到機會。這封信寫得有條有理，也有禮貌。

「每天寫信來、想找機會的人很多。也不知為何，我回了那封信。」孫秉宏當時或許也期待著，這位球員能引薦新的外籍生到政大，「就回信問他，是不是用通訊軟體聊一下？」

那時台灣有超級籃球聯賽SBL，PLG還沒成立。聊過之後，孫秉宏告訴他：「你如果要來台灣，依照年齡已經不能讀政大了，但SBL倒是可以試試。」儘管努力幫他，但最後還是因故沒能來台。

談天過程中，兩人也曾聊起年輕球員。「你想找年輕球員？那你一定要認識KG。」

KG也是塞內加爾人，在美國發展，照顧許多同鄉的孩子。經過介紹，秉宏認識了KG，兩人就像網友般，幾乎每天通話或傳訊息，就這樣聊了半年，秉宏時不時就問，有沒有好的球員？

「倒是有一個……。但，我覺得他很難去台灣。」這是孫秉宏第一次聽KG提起Mo，中文名後來取為莫巴耶。「已經有很多美國NCAA一級球隊找他。」秉宏的好奇心被挑起了，「我可以看看他的影片嗎？」

收到影片後，秉宏也傳給子威和祥哥看。眾人眼睛為之一亮，開始想像著Mo如果加入雄鷹隊，會是什麼情況。大專籃球聯賽各隊若找外籍生，幾乎都是即戰力，但秉宏也清楚，「實力這麼好的球員，不太可能來雄鷹，在美國他一定有球隊搶。」KG也直接問秉宏，「你給我一個理由，Mo為什麼要去亞洲？」

「因為NCCU也是很好的學校！」孫秉宏馬上回答。從球隊開始找外籍生以來，秉宏始終壓力不小，因為大家只看球員能力好壞，不了解找球員真的不容易，KG既然提到了Mo，秉宏當然也想挑戰自己，證明能把這樣的好球員找來政大。

儘管秉宏開始積極爭取Mo加入雄鷹，但實在也沒信心他真的會來。估計來台的成功機率，Mo在名單上排第二，排第一的是南蘇丹球員W。

W也是經人介紹。對於來台，W沒有特別要求，只需要辦簽證的費用，相較於塞內加爾人，南蘇丹人入境台灣更為容易，而且W身高超過二一〇公分，能補足球隊的內線高度。

從KG首次提起Mo，到他願意讓Mo直接和秉宏通話，又過了兩個月。KG對秉宏說：「我這裡沒問題了，你跟他聊聊看吧。」這段期間，秉宏嘗試從不同的角度回答KG的疑問，「Mo在等什麼？因為他已經很有能力，若來亞洲，會更放大他的優勢！」「中國CBA也有很多NBA球員，打完CBA也是有機會回美國打NBA！」「政大的球隊現在是如此，他來政大一定有很多空間，我們本土球員都是MVP等級，還有一個天才後衛，是7號！」後來秉宏也把游艾喆的影片傳給Mo看。

「我知道NCAA一級很重要。但如果，Mo的生涯還沒拿過冠軍，籃球是團隊運動，能成為冠軍，對球員來說也很重要！」秉宏極力說服Mo，「我們政大已經是冠軍球隊了！」

從那天起，兩人就經常聊天，對Mo的各種疑問，秉宏除了試著回答，也為他說明亞洲幾個國家職籃的生態，描繪未來可能的藍圖。直到有天，Mo終於鬆口：「我還沒有確定要去政大喔。但或許，可以先試試看？」

「那就去東京打WUBS吧！」秉宏喜出望外，「這個機會正好。打完這個比賽，你一定會喜歡上政大雄鷹，理由之一，你會和7號搭配！」

期盼著，第一屆WUBS賽事即將到來，秉宏準備在東京和Mo談定加入政大的事。這是Mo第一次飛離美國到亞洲，卻好事多磨。

Mo和另一位球員杜拉米一起，誰想到，先是班機因故延誤十六小時，兩人必須找地方住一晚。Mo聯絡上秉宏後，秉宏主動說願意幫忙「隔空刷卡」支付住宿費用但不成，折騰了半天，所幸另有人幫忙，找到地方睡一晚。

好不容易，終於搭上飛機飛往東京，孫秉宏請人在東京的博士學姐協助接機，Mo一到東京就急著問「Stanley人呢？」學姐聯絡秉宏，秉宏請學姐務必把人接上車之後再聯絡。

「你在哪？」Mo終於和秉宏通上話，「那個……，我中了COVID-19，這次去不了東京了。但你別急，很快和球隊會合就好了。」Mo不敢相信，「難怪KG說你會來，但你都沒給我正面回應。早知道你不來我也不來了！你知道，我們昨晚睡在很誇張的地方嗎……」秉宏在電話這頭耐心聽著，心裡頗為無奈，原本要跟Mo當面談定後續的計畫，一下子全被打亂。「我覺得發生的這種種事情，每一件都在暗示我，不應該去亞洲……」Mo對秉宏說，而這還沒完。

「什麼?你沒來東京，7號也沒來!」Mo接著聽到這個消息，宛如多重打擊，他丟下一句話給秉宏，「我覺得你是Siri，根本只是負責跟我聊天的?」

當時依照規定，需要COVID-19篩檢陰性才能飛日本，而就這麼巧，政大雄鷹全隊在出發前去做檢測，孫秉宏和游艾喆，是唯二檢測陽性的成員。姜豐年接到消息，趕緊協助安排了適合的居所，讓秉宏和艾喆能入住隔離，游艾喆完全沒有症狀，秉宏倒是真的明顯喉嚨痛。

「老師，我真的什麼症狀都沒有耶。」游艾喆就在秉宏隔壁房間隔離，因為確診不能跟著球隊一起去日本，心情悶得不得了，秉宏一方面安慰艾喆，一方面遠距關心Mo與杜拉米在日本的情況。

待兩人隔離期滿，WUBS的比賽已結束，Mo直接飛回美國，而雄鷹隊在日本還有安排其他友誼賽及迪士尼等放鬆行程。「老師，你真的不去東京?」

艾喆行李準備好了，秉宏對艾喆苦笑：「你去吧！我還有重要的事要辦。」孫秉宏心裡明白，「如果此刻我先飛東京，那Mo加入政大這件事，就真的會落空了吧？」

秉宏決定飛一趟美國，無論如何，都和Mo遠距談了這麼久了，見面談個清楚，也總要讓他知道，政大雄鷹是真的很有誠意，希望他加入……。

12 深夜長談四個月——莫巴耶加入政大雄鷹

這趟飛美國，孫秉宏滿心期待，要和交談已久的「網友」KG和Mo初見面，而最重要的目標，當然是希望Mo能夠確認加入政大。

到美國頭三天，都沒見到Mo的人影，倒是先見到高中教練，起初對方的態度明顯不太友善，還質疑台灣是否安全？秉宏耐心說明台灣的職籃環境，向對方介紹政大以及未來對Mo的規劃。談起林書豪也在台灣職籃時，對方突然問起「James」（台灣某職業隊管理層），在知道秉宏真的認識他後，兩人溝通了許多亞洲籃球的發展現況，其態度有了極大轉變。「我想，Mo可以去政大，那……你也幫我在亞洲找個教練工作？」隔天再去，更明顯感到對方變熱情了，還看到Mo在高中退休的0號球衣。

三天後，終於見到Mo了。握手時，秉宏感覺到Mo只是很快地輕輕一握，他似乎對於來政大還有很多疑問。談話間，Mo堅持，另一位球員杜拉米要一起去台灣，他們默契十足，這是他們第一次到亞洲，需要有人一起、比較安心。

前前後後，秉宏和Mo光通話就長達四個月，有時KG也主動打來。因為時差，秉宏常從深夜十二時開始、戴著耳機，和Mo講話到凌晨三時。「你在幹嘛？你聽得到我說話嗎？」秉宏的太太嘉玲半夜起床，看他不睡覺，一度以為他「夢遊」，秉宏哭笑不得，比手畫腳示意：「我在講電話！」

最終，實力堅強的「莫巴耶」就這樣被孫秉宏「談」來台灣了。

「我們也都第一次和這類型的球員相處。」秉宏說，「但也沒想到，Mo才來，就不適應。」KG甚至直接說重話：「這樣不行，Mo要回美國了。」

莫巴耶和先前加入政大的外籍生不同，對於練球，他有自己的想法。除了一天都多練兩餐，也希望爭取場上的數據表現。但身為總教練的陳子威，要求球隊晚上練球時要全力以赴，但觀察好幾天，莫巴耶在團隊晚上練球時，似乎總有所保留。子威帶兵嚴格，練球時不苟言笑，對子威還沒有足夠認識的莫巴耶，總覺得子威像是帶著「怒氣」來球場。而子威則認為莫巴耶「真的非常有潛力！但要如何融入政大體系，恐怕是一大課題！」

起初兩人沒有直接溝通，都要秉宏向對方「傳話」，也似乎都頗有想「壓過對方想法」的感覺。而秉宏夾在中間，也罕見地情緒上來了，他對教練團說：「外籍生不會打也不行，太有想法也不行，不然，之後就換別人去找吧！」首席助理教練范耿祥當時眼見氣氛太僵，試著緩頰，他分享職業隊經驗，外籍球員就像「開福袋」，「還是……我們能多招募幾位來挑？」「挑？」秉宏試著解釋：「國立大學的國際招募，要求非常高，光合乎申請資格的就已少之又少，學生球員要要求品行、更要能打球，不管時間與經費，都無法比照職業隊的招募方式。」

秉宏漸漸試著冷靜下來。他知道，莫巴耶的出現，對教練團和球員都是全新經驗，只能設法慢慢溝通。

對球員來說，子威既是帶兵嚴格的「嚴師」，也是關心每個人的「慈父」。

但語言隔閡也難免造成誤會。子威希望，一個團隊能夠保有「一致性」，他的本意在要求所有成員尊重團隊。但美國的培養方式，則重在凸顯個人能力，需要個人數據表現，以評價球員是否優秀。無論在團隊訓練、個人發展與戰術體系，Mo與子威有了很多討論，而這是過去球隊少有的情況。

「那時兩人就好似父親與兒子，為了籃球，常常激烈溝通。」在了解原委之後，秉宏告訴子威，莫巴耶不是只專注自我，他之所以晚上練球都慢慢跑，「是因為他在晚上練球前，個人已經練了兩餐。而在凌晨，因為非洲的家人會打電話來，講完電話，他難以再入睡，清晨五時他就會自己去投籃。」莫巴耶承擔家中的經濟支柱，他的確也是雄鷹隊史上、在清晨會自主加練的第一人，其他球員基本都依正常作息、上課之餘，盡可能睡飽，在晚上練球時全力回應教練團的要求，表現給教練看。

秉宏也試著讓Mo明白，威哥在球隊要顧及的面向和事情很多。因為每位球員性格不同，他的嚴肅非常有必要，也是身為教練的專業素養，總教練兼顧嚴師慈父的雙重角色，並非不能溝通。「威哥有時只是沒有解釋太多，臨時改變練球行程，只因教練團評估，本周的練球量夠了、或考量球員的身體恢復，並不是他帶著個人情緒到球場。」Mo也告訴子威：「我家裡也很多事煩心，我也不總是快樂的人，但我告訴自己，只要踏進球場就是要不帶情緒。」

「我只是擔心Mo在團隊練球時若不全力，在比賽時會受傷……。」溝通還是最好的解藥，兩人也都願意把對方的話聽進去。秉宏理解，子威從執教以來，就不斷在調整改變，追求卓越，而他也時時自省著，「我會不會太幫Mo找理由，因為是我找到他的？」

「生氣可以大聲表達，但我們就用正向的字眼吧！因為語言、文化隔閡與當下的表達方式，若是沒能充分理解，很可能傷到雙方的感覺。真是這樣的話，到底對團隊有什麼幫助？」那段時間，大家都想了許多，相較於大多數「聽話」的球員，莫巴耶經常發問，其本意也並非挑戰教練，而是在動腦思考，有沒有打法上的其他可能？

所幸，狀況就在溝通下解除。制服組、本土球員和外籍生，持續為了團隊進步和每個賽季的奪冠目標而努力。

二〇二二至二三年，莫巴耶加入雄鷹的第一個賽季，政大雄鷹尋求UBA三連霸，能否建立王朝，就看本季。複賽階段，拿下跨季三十六連勝的政大，接連以七分差和十一分差，不敵健行和世新，吞下二連敗。輸給健行賽後，休息室裡，莫巴耶抱著頭沉思著，而領隊姜豐年鼓勵全隊：「輸，不是壞事。」隔天對世新一役，莫巴耶沒有上場。坐在場邊的他，看出了一些事。

原本勢如破竹的政大雄鷹，竟吞下二連敗，以排名第三進入小巨蛋的四強賽，賽事球評做出「政大連霸之路沒那麼好走」的評論。賽後在休息室，政大校長李蔡彥鼓勵大家「勝不驕敗不餒」，而姜豐年夫人陳怡樺（Eva）學姐也提醒全隊：「我們還是要進小巨蛋，只是要從第三名打上去！」她熱情帶動大家，「不要這麼安靜嘛！」全隊拍手鼓勵彼此，喊著「加油！」莫巴耶點點頭，他有個想法……。

三月下旬的臺北小巨蛋，本季的最後兩場球賽，比賽勝負，將決定政大雄鷹能不能再次登頂。月初吞下兩敗後，只剩兩星期備戰時間，隊上氣氛明顯低迷，陳子威鼓勵大家：「問題不大，把球投進就好！」陣中射手也都加緊練習，期望在小巨蛋展現火燙手感。林彥廷也發現，大家都若有所思，「好像不太願意談輸球。」

「我們確實很久沒輸球了。」莫巴耶思考著，「那兩場敗仗，讓我們學到很多。我想贏！我們必須在四強賽前修正缺點和錯誤！」他主動向教練團提出，「讓我們球員自己開個會吧！」孫秉宏決定一起到球室幫忙翻譯，希望把莫巴耶想表達的，清楚正確地傳達給大家。

那是一次球員間的閉門會議。「你覺得我們為什麼輸？」莫巴耶問了每一位隊友，開門見山的美式風格，而非批鬥大會。這場對話，宛如一道光，解除了雄鷹球員的心防。「我們是一個團隊，你想要隊友怎麼幫你，都可以直接說出來。」

那正是當下球員需要的出口。你一言、我一語，每個人開始坦誠說出自己的想法，不分位置、不分年級，只要對這個團隊好，就都說出來吧！可以討論，可以溝通，「因為我們想進步，因為我們要冠軍！」這個想法堅定地在每個人心中，林彥廷說：「贏球每個人都會慶祝，但莫巴耶在球隊陷入低谷時跳出來，這真的很不容易！」

這次閉門會之後，球隊的氣氛不同了，球員臉上的笑容多了，從教練團到球員都更專注地準備迎接這本季的最後兩戰。最終，甜蜜復仇，先贏世新挺進冠軍戰，冠軍戰儘管林彥廷很快傷退，但全隊賣力捍衛王座，在氣氛沸騰的臺北小巨蛋，以十分差擊敗健行科大，完成三連霸壯舉！全程現場觀戰的姜豐年激動不已，從球隊到觀眾，許多人熱淚盈眶，政大雄鷹真的做到了！

這個暑假，莫巴耶再次展現領袖氣質，在東京舉行的第二屆WUBS世界大學籃球系列賽，和隊友一起，首奪WUBS冠軍，這次，他終於在東京和7號游艾喆一起打球了！冠軍戰莫巴耶轟三十分，收下最有價值球員。

二〇二三至二四年UBA賽季，莫巴耶獲指派擔任政大雄鷹隊長，成為隊史第一位外籍生隊長，與莊朝勝攜手帶領全隊，以賽季全勝之姿，收下隊史第四座冠軍。這一季，他的場均二三．九分、十一．一個籃板、二．二次助攻、一．四次抄截、一．六次阻攻，數據傲人。

二〇二四年七月，在經歷外籍生本無法參與「新聯盟」選秀的國內職籃風波後，峰迴路轉，莫巴耶獲選為PLG第五季選秀狀元，加入富邦勇士隊，他也是政大雄鷹籃球隊隊史繼桃園璞園領航猿的張鎮衙之後，第二位選秀狀元。

二〇二四年八月三十一日，富邦勇士籃球隊宣布，簽下自由球員張鎮衙，莫巴耶將與「政大學長」張鎮衙、洪楷傑成為富邦隊友，登上職業舞台。

13 張鎮衙率隊大逆轉健行——「冠軍經驗」助雄鷹奪冠

二〇一八至一九年，是雄鷹成軍的第二季，也是升上公開一級的第一個球季。南山高中的張鎮衙、李允傑等人都進入政大；雄鷹也排除萬難，收進隊史第一位籃球素人外籍生——聶歐瑪。

「感覺既陌生又熟悉。」總教練陳子威「重返一級」，帶領這支新球隊成長，心情格外特別。賽季之初，他鼓勵全隊「相信自己、相信團隊」。球隊總監孫秉宏則希望，升上一級的第一年，能有好的開始。

UBA預賽最後一天，對上文化大學打到延長賽，田浩以廿九分、十次助攻、十一次抄截，達成生涯首度大三元，此役也是聶歐瑪的代表作。由於歐瑪屢屢擋人有功，田浩得以獲得更多傳球或進攻發展的機會；關鍵罰球，歐瑪也兩罰中一。最終政大獲勝，得以搭上八強列車，公開一級的第一季，以大一、大二生的陣容，就驚喜收下第六名。

姜豐年自雄鷹建隊之初就全力支持，而制服組也努力建立球員的認同感，但不可諱言，雄鷹球員仍面臨很多來自他校的「拉力」。大學球員若轉學，不必停賽一年，也因此，只要上場打的時間少，其他學校就會有人透過社群訊息來「關心」，明示暗示：「來我們學校，可以打比較多喔。」

「真是內憂外患，不是只把球練好就好。」秉宏回憶，前兩年球隊非常不穩定。以高苑為主的班底，自高雄北上，本就需要適應，加上能仁與南山畢業生，團隊需要融合。政大對課業有一定程度的要求，也有球員家人認為「籃球第一，其實不一定要拿到學歷」，關於「讀不完政大」的懷疑，一直存在著……。凡此種種，每一項都是考驗，「每天都在解決問題，也要回應校內外各方對於雄鷹名次的期待。」

張鎮衙的加入，對政大雄鷹而言有重要意義。因為鎮衙是具有「冠軍經驗」的球員。國小時身高就有一八四公分，曾帶領忠貞國小奪下全國冠軍，升上苗栗明仁國中又率隊擊敗金華國中奪冠，而在進入南山高中後，鎮衙在高一菜鳥球季就幫助球隊贏得高中籃球聯賽HBL總冠軍。加入政大後，新階段新挑戰，但前兩年，「身體也還是高中生」，即使有心想幫助球隊，也得耐著性子、按部就班進步。

「四年政大畢業、同時拿到冠軍，就從鎮衙開始，這代表著，政大雄鷹不一樣了。」孫秉宏說。

在前兩年、先後拿下公開一級第六名與第五名後，主力控球田浩在大三提前離開政大，投入職業賽場，游艾喆進入政大接棒。二〇二一年三月，由張鎮衙連任隊長的政大雄鷹，首度飛進臺北小巨蛋UBA四強決賽，「決心用冠軍盃，當作初代雄鷹學長的最佳畢業禮物！」決賽先後擊敗健行科大與世新大學，收下隊史首冠，而張鎮衙也拿下決賽最有價值球員（FMVP）榮耀！

那兩日的臺北小巨蛋，儼然政大主場。雄鷹球員的每一次進球，都引爆全場熱情，陳子威在戰術板上寫著「專注過程，把最後一件事做到更好」來鼓勵球員，最終全場為政大拋下冠軍彩帶，全隊都激動不已，許多球員抱著孫秉宏與陳子威哭，大家興奮拋起姜豐年領隊，姜學長感動地對滿場的政大粉絲豎起大拇指。政大雄鷹不只說到做到，五年內就奪冠，還提前一年達標！大三的隊長張鎮衙露出燦笑，笑稱「歡呼好像比打球還累耶！」

姜豐年在眾人簇擁下，剪下籃網第一刀，隨後陳子威完整剪下籃網，他開心將籃網掛在脖子上，對著大家比出政大招牌的右手C手勢，那一刻開始，政大NCCU的C，也代表冠軍Champion的C了！

但為什麼？張鎮衙南山高中畢業後，決定來到政大？

故事要回溯到政大體育館剛翻修完畢那時，體育室王清欉主任提議辦個測試比賽，讓各界看到政大體育館這麼漂亮。當時透過子威邀請南山高中籃球隊，也有意藉機招募高中的優秀球員。雄鷹球員、甚至球員家長，都在關心招募哪些學弟？甚至放話「若誰來，我們考慮轉換跑道」；而正在選校的高中優秀球員，也在衡量入隊後，能有多少上場時間？「球隊招生從不是外界認為的『加法』這麼簡單，『五個一加起來，不一定等於五，甚至若化學效應不好，還可能成為負數。』」教練團得費盡思量。

「好球員誰都想要。其實那時聊過好幾位球員，一聊就知，有沒有緣分。」當時陳子威鎖定好幾人，射手補強的第一目標是張鎮衙。子威和秉宏安排好時間，接連去和南山五位高三球員談談，有人直接表明大學想讀體育系，也有球員直說，是想來政大。那時秉宏最感陌生的是李允傑，允傑還肉肉的，剛午休睡醒的他，臉上還看得見睡痕。秉宏心想：「很可愛耶，真有點像米其林的吉祥物。」

來到子威和秉宏面前的張鎮衙言之有物，他說：「我不考慮體育系，上大學想讀一般科系。」當時考慮兩所大學，一是政大，而另一所大學有南山的學長在，學長告訴他：「我們這邊是讀書多一點、籃球少一點。」最終評估，政大打球不會少、兼顧讀書和打球，當然，政大已成功升上一級也很重要，張鎮衙決定到政大！

那時曾有網路媒體捕風捉影，以「政大將接收南山五虎」為題，發布不實報導。姜豐年看到文章內容，又好氣又好笑，子威和秉宏也只能持續做好分內的事，努力栽培來到政大的球員。

張鎮衙在大二和大三時，連兩屆擔任雄鷹隊長。大三那年，二〇二〇年十一月廿二日，政大雄鷹在UBA預賽，首度擊敗健行科大，那無疑是雄鷹隊史最瘋狂的一役，因為政大不只贏球，還是在落後三十二分的絕境下，上演了一場超級逆轉秀！

那天之前，政大雄鷹從未贏過健行科大。陳子威還曾將以往輸給健行的比賽紀錄紙「黃單」，張貼在球員休息室的牆壁上，全隊每天都能看到，為的是給大家明確的目標，「臥薪嘗膽，我們一定可以贏！」但也從沒想過，第一次擊敗健行，竟是這種贏法！

比賽在輔大中美堂舉行，主播在賽前預告：「這個對戰，可能是這次預賽最受矚目的一場比賽！」打到第三節七分三十四秒時，政大還以三五比六七，三十二分的懸殊差距，落後給對手。那時或許所有人、包括賽事主播與球評言談間，都覺得雄鷹此役大勢已去，但雄鷹自己沒有放棄。

面對強勁對手，政大在第四節打出一波三二比八的攻勢，包括張鎮衙在第四節尾聲連進三記關鍵三分彈，將比分差縮小到僅僅落後一分。最後一．二秒，林彥廷上籃得分，比數八四比八三，哨音響起，政大雄鷹打出一場不可思議的比賽，逆轉勝！全隊欣喜若狂，鎮衙在賽後訪問時說：「回到休息室時，教練告訴我們，我們還沒有輸，還可以拚。下半場我們打出了團隊，才能打得那麼順！」主播接著問起鎮衙關鍵的三分球，他堅定說：「捨我其誰！這是教練交給我們射手的責任，只要有一點小小的空檔，我都要出手！」當天他霸氣宣示：「我們今年要很有企圖心的拿下冠軍！」

三月下旬，政大雄鷹美夢成真，首冠到手。鎮衙賽後卸下隊長職務，交接給林彥廷，一年後，鎮衙、彥廷與隊友攜手奪下UBA二連霸，鎮衙手握兩冠，風光自政大畢業！

二〇二二年七月，張鎮衙在PLG新人選秀會中成為選秀狀元，加入桃園領航猿，他身穿27號球衣，號碼取自張爸爸的生日，背後隱含父親年輕時渴望成為職棒球員的夢想。八月初，父母都出席鎮衙的職籃加盟記者會，給予最強力與溫暖的支持。

二〇二四年九月，成為自由球員的張鎮衙，與富邦勇士簽下複數年合約，展開職業籃球生涯的新篇章，而總教練許晉哲期許他盡快融入團隊體系，也鼓勵鎮衙「朝向中華隊國手目標邁進」！

14 從籃板青春到ＣＢＡ——政大航空林彥廷無懼挑戰

「正取一：林彥廷（能仁家商）」

二〇一九年四月，政治大學公告一〇八學年度學士班運動績優學生單獨招生考試錄取名單，馬上引起籃球迷高度關注。一個月前，高中籃球聯賽ＨＢＬ冠軍戰，林彥廷和主控高錦瑋，剛率領能仁家商以五七比五〇擊敗南山高中，以十七連勝不敗之姿，奪下能仁隊史第三座ＨＢＬ冠軍。

媒體稱林彥廷為「阿美族彈簧腿」，冠軍戰他有廿四分、十八個籃板的優異表現，收下最有價值球員ＭＶＰ。當彥廷到政大雄鷹報到，制服組自然也是驚喜又興奮。首席助理教練范耿祥說，彥廷爆發力十足，外線也有水準，條件很好。「我之前就想過，若能讓我帶到他這種球員多好？沒想到，還真的許願成功了！」

政大獨招榜單上正取五人，除了林彥廷，依序還有前一年HBL的MVP林勵（松山高中）、涂亦含（青年高中）、簡賀宇（高苑工商）與馬建豪（松山高中）。

「這收得也太好了吧？」「政大要起飛了！」網路上一片看好。剛升上公開一級就拿下第六名的政大雄鷹，「成軍五年內奪冠」的目標，許多人都在等著看，究竟會美夢成真？還是白日夢一場？

在招募新血、補強陣容時，政大早早鎖定了林彥廷和高錦瑋。但過去能仁家商每年幾乎固定將主力球員輸送到健行科大，高錦瑋後來在臺灣師大與健行科大間選擇了健行。

「跟著體系走好像最簡單？但若只是跟著，就無法創造更多！」彥廷頗有想法，他想：到新球隊政大有發揮空間、國立大學有資源也能讀書，這樣媽媽也會開心。「跟能仁的學長、同學當隊友？不如當對手吧！」愈想就愈覺得，去政大似乎更有意思！

王詠誠是政大雄鷹隊史第一位能仁球員，而林彥廷的加入，格外具有指標意義。HBL冠軍戰當天，姜豐年堅持到臺北小巨蛋看彥廷，親口告訴他：「我很期待你來政大。」彥廷只知姜豐年是政大校友，「很有爸爸的權威感」，但當時對於他在籃壇的過往一無所知；而姜豐年也曾拜訪能仁教練「小羊哥」林正明，承諾「一定會好好照顧彥廷！」林正明當時的態度是：「讓球員自己決定。」

彥廷加入政大後的第一個暑假，卻完全沒能隨雄鷹隊練球。

阿美族的林彥廷，運動天賦很早就被看見。高二那年隨能仁到北京打NIKE高中籃球巔峰賽，能仁拿下冠軍，林彥廷獲選MVP，在中國大陸已有知名度。高三畢業後，彥廷與高錦瑋應邀到對岸參與籃球實境秀《籃板青春》演出，節目中以「台灣第一高中生」介紹彥廷。那兩個月，彥廷和錦瑋成為空中飛人，來來回回往返兩岸錄製節目。

能仁已經為彥廷安排活動，以致他無法馬上投入政大練球。孫秉宏利用去北京談事情的機會，抽空去看彥廷錄影，關心他的情況。那時製作單位要彥廷以敏感用語自我介紹，節目上網後，引發一陣風波。秉宏馬上溝通，說服導演組，讓節目話題回到單純的學生運動。那時在北京的短暫相處，秉宏發現彥廷個性樂觀、「心臟真的滿強的！」

整個暑假都不在政大的林彥廷，入學第一年「打得很卡」，制服組都看得出，「彥廷很想幫球隊做些什麼」。這一年，政大雄鷹在UBA以第五名作收，沒能搭上四強列車。總教練陳子威還是請大專體總協助，讓全隊進入小巨蛋，觀摩四強決賽，全隊就坐在小巨蛋最上層的觀眾席觀戰。

「我第一次坐這裡耶！」大一的林彥廷跟學長說，「我沒有沒進四強過。」確實，彥廷高中那三年，能仁分別拿下HBL季軍、亞軍和冠軍。秉宏觀察到，彥廷就是這樣勇於表達，但也不會因此讓學長不喜歡，「他的人格特質真的很特別！」

經過大一菜鳥年，林彥廷升上大二，身形明顯變壯。那年，政大雄鷹在輔大中美堂迎戰健行科大，拿下隊史對戰首勝不說，還寫下不可思議的落後三十二分大逆轉，除了隊長張鎮衙連續三分球追分，最後一．二秒，被譽為「政大航空」的林彥廷，籃下放進致勝兩分球建功！

「這場球太難忘了。」林彥廷後來回憶，「但隔天竟然就被北市大逆轉輸球，也很難忘。」

政大雄鷹在最後三十五秒被北市大連拿四分，以七六比八二飲恨吞敗，吞下預賽三連勝之後的首敗。總教練陳子威賽後感謝對手給雄鷹成長機會，稱讚對手「很渴望勝利」。

幾年之後再回想那一敗，彥廷說：「心態。」「比賽時覺得，頂多贏得難看，但真沒想到會輸。」「或許前一天逆轉健行之後，真的也累了，就覺得為什麼北市大一直咬著比數？」球員在場上幾波眼神交換，「我們到底在幹嘛？在打什麼啦！」那天輸球後，球員休息室裡很安靜，姜豐年開口了：「輸也不一定是壞事。」

「真的就像姜學長說的，後來我們變得更團結。」林彥廷說。這一季，政大雄鷹後來奪下UBA首冠。

彥廷升上大三，接下隊長，雄鷹目標尋求UBA連霸。陸續有優秀新生加入，他努力尋找自己在球隊中的定位，而網路世界那些「林彥廷去政大之後退步了」的酸言酸語，從沒少過，但他始終沒有放棄，努力維持球場狀態，也積極兼顧學業，「只有提醒自己，不可能讓孫老師需要為了我的課業成績，要去拜託學校老師」，「我也會在意別人眼光，不想像別人說的四肢發達、頭腦簡單。運動員明明很聰明，只是一開始不熟悉讀書這領域，只要經過練習還是可以！」孫秉宏點出，「不服輸的正向心態，是彥廷很重要的特質。」

那年雄鷹如願再度飛進臺北小巨蛋，但決賽前做出重大決定，將兩名球員禁賽禁練，也確定兩人無法參加決賽。當時教練團也問過隊長林彥廷與全隊意見，堅信以十一人陣容，一樣可以拚冠軍。「團隊會更緊密。」孫秉宏說，「政大雄鷹能延續冠軍，林彥廷是很重要的力量。」

政大雄鷹真的以十一人陣容完成連霸！之後彥廷升上大四。在政大的最後一年，他積極備戰了一整年，目標和隊友一起拿下UBA三連霸。「很多家人、支持我的人都希望我拿下MVP。」但誰都沒想到，學生生涯這最後一戰，彥廷竟在開賽才沒多久，就因腳扭傷而傷退。

狀況發生時，小巨蛋全場的雄鷹球迷一片錯愕。防護師廖期新馬上上前查看，他與莫巴耶一左一右，將林彥廷撐起、抬到場邊。雄鷹全隊都極擔心彥廷的傷勢，他自知，這場比賽已無法再上場了，但仍示意隊友「我沒事」，試圖讓隊友專注場上。

直到最後一節，總教練陳子威特意讓大四球員上場，全場高呼「林彥廷！林彥廷！」瀰漫著感動的氛圍。最終，政大雄鷹以七一比六一擊敗健行科大，收下三連霸。林彥廷流淚了，許多政大球迷以及隊職員也都哭了。

「我知道我們贏球沒必要哭，但真的受不了了。」彥廷強忍內心激動接受訪問，他也沒忘了擁抱對手健行科大、也是昔日能仁隊友高錦瑋、丁冠皓，告訴他們「不管遇到什麼困難，我們都不要放棄籃球！」

幾個月後，二〇二三年七月十五日，中國CBA新人選秀，唯一台灣球員、來自政大的後衛林彥廷，以探花之姿加入北京控股籃球隊。不只是政大雄鷹隊史第一人，也寫下台灣球員新紀錄。

「幸福來得太快！」挑戰CBA，其實是林彥廷大一時，就與孫秉宏做好的約定，「當初心態是，站穩腳步再說。」到了大三，也曾對日本B聯盟心生嚮往。孫秉宏也將彥廷的職業發展，當成自己的壓力，全力為他尋找機會。UBA冠軍戰時林彥廷嚴重扭傷，打亂原本四月前往對岸試訓的計畫。

那時政大雄鷹制服組全力協助彥廷復健，經過一番努力，孫秉宏與彥廷飛往北京測試，去了三天，那時彥廷有些感冒發燒，期間只練過兩次球，他確實展現出獨特的身體能力及令人驚豔的傳球。第一餐練完，CBA北控隊就通知孫秉宏，「小林眼睛很清澈，這小子我們要了。」彥廷得知驚訝不已，「怎麼可能？」

「就和出國留學或工作一樣困難。」經歷CBA第一個賽季，林彥廷坦言，「什麼都是困難的。」儘管出發前做了心理準備，但無論適應環境、比賽、人際關係、思鄉……，「真的遇到還是覺得辛苦。一開始不知道要從哪裡開始解決。」他和孫老師密切聯繫，「我知道，正式踏入社會了。」

以前在台北打球讀書，彥廷就算久久回花蓮，也從不覺思鄉。但加入CBA之後，他發現自己不太一樣了，常常想起政大四年期間，威哥安排和雄鷹隊友一起出遊、到坪林烤肉的時光，偶爾也和游艾喆、王凱裕、莊朝勝、林勵遠距聊天，打屁吐槽，就像充電。

「以前威哥都說要安排這些活動，大家凝聚力才會好。」彥廷說，本來還會想，「要打球還要念書，哪有時間啦！但後來發現，政大有些事，真的不會被取代。」

「我開始養生，也開始喝茶。」因為食物口味不同，腸胃也常感到不適，看著北控隊友喝茶聊天殺時間，彥廷也加入。到客場比賽，平均飛行時間二至四小時，最遠一次，從濕熱的廣東飛往乾冷的新疆，飛行五個小時，彥廷頭一次自費升等頭等艙，「不在飛機上好好休息不行。」

二〇二四年暑假，林彥廷入選瓊斯盃中華白隊，與昔日政大雄鷹隊友游艾喆、莫巴耶、宋昕澔、吳志鍇再成隊友，球迷都見證了他的成長。

經過在政大四年，再加上CBA頭一年的洗禮，有什麼改變？林彥廷說：「從男孩變男人吧！」「我會說自己善解人意、願意付出。雖然有時也想回到以前很純真、天不怕地不怕的樣子，但我現在確實是更沉穩了。」

15 游艾喆UBA四冠在手——挑戰日本B1聯盟

林彥廷挑戰中國CBA，一年後，政大雄鷹畢業生又有「新航線」！控球後衛游艾喆飛向日本，成為日本職籃聯盟B1滋賀湖泊的亞洲外援，寫下台灣球員自UBA直升日本B1球隊的紀錄，還有機會挑戰日本B1新人王。

二〇二四年六月廿四日，滋賀湖泊會長中山太飛到台北，為游艾喆舉行隆重且盛大的加盟記者會，同時也宣布，滋賀湖泊與政大雄鷹籃球隊締結為姊妹隊。姜豐年領隊與陳怡樺伉儷、陳子威總教練與孫秉宏執行長率領政大雄鷹教練團，一起見證這光榮時刻。

艾喆的家人全都特地放下手邊工作，從宜蘭南澳開車北上，一起見證這歷史時刻。「其實以前從沒想過他會打到職籃，如今還要旅外。我們只覺得，籃球是艾喆國小開始的夢想，但他那時真的太瘦小了，籃球路剛開始並不順利……。」就和天下大多數的父母一樣，艾喆的爸媽說，「我們只希望他快樂，有個正當的工作。」

游艾喆從東澳國小開始接觸籃球，很快學校改發展射箭，「艾喆只有去拔箭，還刮到自己。」他的學業成績不錯，因為愛打籃球，主動要求爸媽讓他轉學到南澳國小，也因為轉學，囿於轉學禁賽規定，無緣全國賽。

學業成績好加上身材條件不突出，師長總是勸艾喆爸媽，「打球讓他當運動，強身就好。」但爸媽發現，艾喆對籃球有種執著，「因為是他想要的，一直很努力。」

那時他個子小，「感覺球都比他大，穿上運動褲，長度都在膝蓋以下。」游媽和他約法三章，「如果荒廢課業，就要再轉學回來。」但也要求艾喆，「即使吃苦也是自己選的，不能想走就走。」沒想到艾喆才轉學一星期，就覺得「頭要爆炸了」，很不舒服，因為受不了同學太吵，沒辦法讀書，還有人要看他的作業和考卷。當時的班導師也是籃球隊教練，游媽和導師溝通後，艾喆才繼續在南澳國小讀書，還拿過跳高冠軍，或許也遺傳到爸爸和外公的運動天賦。

那時艾喆打一些國小的盃賽，球隊都贏球，但全國賽礙於規定而無法上場，還有其他學校的教練放話，「要注意南澳國小，不要利用上廁所，偷換游艾喆上場。」全國賽時，臺北體育館空蕩蕩的觀眾席，樓上就只有艾喆一人在顧隊友的包包。到場看球的游爸游媽心疼孩子，「要不要回家？」「沒關係，我就跟球隊一起來、一起走。」爸媽知道艾喆想什麼，「他打不到，眼看球隊輸球又幫不上忙，心裡難過。」南澳國小那年在八強賽落敗，無緣晉級。

國中時的艾喆依舊瘦小，想加入籃球名校，但沒能如願，媽媽也怕他打籃球會被撞飛，容易受傷，建議他練田徑中長距離一千五百公尺。他在羅東國中加入社團性質的球隊，常是他和隊友講要怎麼打。在家裡，游爸愛看球賽，五個孩子也很少看卡通，看電視幾乎都在看美國職籃NBA轉播。國中畢業時，導師同樣勸艾喆爸媽，「艾喆是會讀書的孩子，籃球當興趣就好。」

「說不上鼓勵他，反倒一直勸他別練籃球了。」游爸游媽說，「但艾喆一直有籃球夢想。」到了國三，長高了一點，「那時三分球很準。」游媽說，當時希望能進一所環境好的高中籃球名校，但幾經聯絡，教練說「滿了」；也有其他幾支球隊找上艾喆，能仁教練林正明希望他加入，艾喆也堅持去能仁，儘管父母仍有擔憂，希望他能兼顧讀書，「不要若是球場上一受傷，就什麼都沒了。」

能仁高一時沒打到球，高二又因疲勞性骨折整季報銷，直到高三，游艾喆才真正被看見。HBL冠軍戰，他繳出廿一分、十五個籃板、六次助攻、六次抄截、六次阻攻的全能表現，幫助能仁完成二連霸，收下最有價值球員MVP。當時因為新冠疫情，小巨蛋閉門比賽，只有少數的球員家長能以梅花座方式，在現場觀戰。

那麼接下來升上大學，游艾喆會去哪裡？

「那時考慮四所學校。」游爸說，「國體、師大、政大和健行。」或許考量上場時間，一開始艾喆就先在名單上刪去了健行科大。游爸覺得，國體、師大都有體育科系，「本來就是你的專業。」選政大怕課業跟不上，連帶影響到打球，因此希望艾喆去國體或師大，其中國體最缺控球後衛，似乎可以列為首選。

四校籃球隊的教練都和游爸聯絡，儼然是一場「搶人大戰」。

「游爸，我們到家裡去拜訪您們。」政大教練團最先到了宜蘭南澳鄉東岳村，不只陳子威總教練，而是整個制服組都到了，其中也包括領隊姜豐年，但當時游爸游媽並不知道「姜董」是誰。在游爸三哥的家裡，介紹了政大雄鷹以及對艾喆的規劃。之後到村裡的餐廳吃飯，隔壁桌的村民正在慶生，聽說台北的政大籃球隊希望邀請艾喆，就也熱情來敬酒，一輪又一輪；還有人要和子威比高，站在椅子上跟子威合照，氣氛很熱烈。

離開南澳前，游爸游媽才聽說，「姜董平常不喝啤酒的，他今天很開心，和大家一起喝了好幾瓶。」當晚游爸上網查了姜豐年的故事，對於姜董親自造訪，感到驚喜，但沒有馬上決定艾喆的動向。游爸也打了電話，想問問能仁教練林正明的意見，「聽起來似乎是偏向去健行，但林教練也沒直說，只說，你們看看未來的發展性，去哪所大學對他有幫助。」

「媽媽，我決定去健行了。」一天艾喆打電話回家，「你不是說不去健行？」電話那頭的艾喆支支吾吾，「好啦，我回家跟妳講啦。」游媽心想，「不知道是誰說服了兒子。」

「妳不是說讓我選嗎？」艾喆說。「那是你說已經不去健行了啊，另外三所都可以，國立大學、能兼顧讀書最好。人家都要很努力讀書才考上政大，你籃球專長就可以去，有這麼好的機會為什麼放棄？」游媽也很堅持，「我不同意你去健行，師大和國體報名也截止了，沒得選了，你就去政大。」游媽接著說，「你不聽話，以後你打球我不理你了，我們都不去看了。」

聽媽媽這樣說，艾喆知道媽媽不是開玩笑的，人進房間，打了電話，不知打給誰。

那時子威也似乎聽到消息，打電話給游爸，表明想再次到家中拜訪。「教練您不用跑一趟了，我和媽媽會說服他。」游爸心想，專程跑一趟也很遠，但他還是擔心艾喆若進政大，課業壓力會太大；游媽則是覺得，艾喆從小就能讀書，「進了大學還是希望他學到東西，打籃球之外，還是要面對社會。就算不是人人都是高材生，只要在課業上能盡本分、也肯努力，功課絕不會差到哪裡去。」

最終游艾喆來到政大。而獨招榜單正取第二名，是同樣來自能仁的王凱裕，「艾裕連線」將在政大再續前緣。

原本游爸想，艾喆進入政大，第一年打好基礎，待學長田浩畢業，就能接上來，擁有更多發揮空間。但田浩決定提前離校，加入職籃聯盟PLG，游艾喆以大一新鮮人之姿，接掌主控。大一這年，就和學長一起，成功奪下了政大雄鷹隊史第一座UBA冠軍。

那一夜之後，游爸很快就接到國內一支職籃球隊教練的電話，邀請艾喆投入職籃。「謝謝啦！但我們想，讓艾喆把學業先完成。」「如果只是學歷考量，我可以來處理，請游爸再考慮看看？」但游爸游媽早已有共識，孩子進入政大，不干涉教練，也讓孩子按部就班完成該做的事。

姜豐年曾說，游艾喆打球有種靈性，那是教不來的，他的傳球視野極佳，在場上總能找到最適合得分的隊友，將球送到隊友手中。游媽也曾對艾喆說：「你在打太極拳喔？好像有種不一樣的功夫，能在球場上以靜制動，攻其不備。」

總教練陳子威以游艾喆為中心設計團隊戰術，一年一年，帶領球隊突破種種考驗。二〇二四年三月，是政大雄鷹連四年飛進臺北小巨蛋，且維持小巨蛋勝率百分百，同樣滿場的球迷，有許多是為了政大雄鷹、為了游艾喆而來，他們說：「不想錯過艾喆學生生涯的最後兩場比賽！」

「真的很珍惜這個緣分。在政大四年，艾喆被照顧得那麼好。」游爸游媽總是不想錯過每個孩子的活動或球賽，到台北來看球，幾乎都低調坐在觀眾席，為孩子打氣，也不打擾教練團。「唯一就是每年要去小巨蛋，因為太多家人親戚都想進場，才會打給孫老師，麻煩幫我們找票啦！」游爸不好意思地說。

還有一個晚上，游爸和游媽也很難忘。

那是二〇二二年二月廿八日，UBA公開一級八強賽在臺大綜合體育館進行。政大雄鷹面對世新大學，游艾喆在籃下防守時遭絆倒，頭部重摔倒地。儘管艾喆後來站起來，摸摸後腦袋，表示沒有問題，但謹慎起見，球隊仍帶他到醫院檢查並留院觀察，而孫老師就徹夜在醫院陪著艾喆。

「誰都希望拿冠軍，姜董更希望拿冠軍。但不能因為要拿冠軍，讓孩子冒著風險。」憂心忡忡趕到醫院的游爸，透過孫老師打了通電話給姜豐年，「艾喆是政大的人才，也是國家的人才。請游爸放心，接下來會先讓艾喆休息，確定身體沒有問題。」游爸揪著的一顆心，這才稍稍放下。或許艾喆進入政大，就是上帝最好的安排。游媽也直呼感動，「姜董和政大真的是用職業規格，在看待這些學生運動員。」

「游爸，我們去喝個咖啡吧。」孫秉宏試著緩和氣氛。「喝個五十八度C？」，「是八十五度C啦！」兩人都笑了，這一夜的緊繃和疲累，似乎稍稍緩和了。

游艾喆雖因傷暫歇，但學長林勵挺身而出，打出代表作及自信心。政大雄鷹教練團真心相信，長久以來努力打造的政大團隊球風，在關鍵時刻，每位球員都能發揮潛能、展現實力，為團隊貢獻心力。

16 雄鷹畢業生多元發展——李允傑從「綠葉」到職籃榜眼

雄鷹成軍七年內完成UBA四連霸，每屆、每位球員都寫下了屬於自己、獨特的生命故事。

從民族系到傳播研究所，雄鷹射手李允傑在政大念了六年，四座UBA冠軍他全經歷，與雄鷹制服組的感情深厚。二〇二四年七月十三日PLG第五季選秀會，台鋼獵鷹隊選上李允傑，他成為職業籃球員。

六年前那個還略顯圓嘟嘟的南山高中畢業生「小傑」，如今以選秀「榜眼」之姿，登上職籃舞台。允傑直呼「不敢相信」，而小傑爸李靜謀長期身為他的「後援會會長」，感觸極深。

「就在今晚，小傑找到人生第一份工作，還是夢寐以求的職務，直到選秀開場前十分鐘，孫老師都還忙著處理球團的變數，終於還是圓滿促成每位小雄鷹的歸宿，這一切的成果及夢想實現，都是姜董您七年前的一個決定，這決定不僅改變了一群孩子的一生，也改變了孩子後面的家庭。」小傑爸寫下這些心情。

始終關心、支持孩子，尊重且不干涉教練團的球員家長，是政大雄鷹籃球隊逐漸成長茁壯的重要力量。

談起兒子李允傑的籃球路，小傑爸清楚記得每個階段他的歡笑與淚水。「以前在體育班，對學業成績要求很低，國高中六年，沒有把書本真正撿起來。」相較於許多國小就開始籃球訓練的孩子，允傑國二才加入籃球隊，那時的教練很嚴厲、罵得很兇，教練曾告訴李爸：「你的兒子要捨得交給我，我要重建他的心理！」國二國三時，允傑可說是一路哭著練球，曾因比賽表現不理想，賽後被教練罰，在大太陽下罰跑操場五十圈。

「不能半途而廢」是允傑與爸爸的約定。他承諾爸爸「會好好走籃球路」，爸爸也答應，做小傑的「場外隊友」，讓他心無旁騖專心練球與學習。因為兒子國二開始打球，李爸買攝影機、腳架，學拍攝與剪輯，「我跟著小傑一起學習。」

意外擠進南山高中籃球隊窄門，但在高中時期並非「明星球員」的李允傑，一度因沒機會進入「大隊」上場比賽，萌生休學念頭。他與家人也沒想到能進政大，早早答應另一所私立大學籃球隊加入。小傑爸還先幫他「打預防針」，「反正你政大畢不了業，那麼辛苦幹嘛？」儘管如此，報名時，還是聽從高中教練建議，多報名幾所大學的獨招考試，「順便認識教練」。

意外地，政大獨招考試當天，子威問允傑「來政大吧？」允傑驚喜之餘，撥了通電話給爸爸，「威哥找我去政大……。」

「好啊！」小傑爸爸內心興奮激動，但他故作鎮靜，「你的人生自己決定，如果你決定去政大，那原本說好的那所大學，爸爸去跟教練道歉。」「可是……，你不是說，政大課業壓力大，我恐怕畢不了業……？」電話這頭的允傑問。

「哎呀！話是這樣講沒錯。但爸爸相信，學校還是有配套，你自己不要放棄這麼好的機會嘛！政大是這麼好的學校。」小傑爸繼續助攻，「你看那個、那個誰都可以念下去，你沒問題的。」

「因為這個大轉彎，雄鷹和我們整個家族緊緊繫在一起。尤其，一直反對小傑打球的爺爺，他一直都認為打籃球沒前途，是調皮小孩發洩體力的工具，但後來逢人就說，我孫子在政大打球！」李爸說，允傑的爺爺過去是老師，早期為了小傑堅持加入球隊打籃球，不知反對了多少次，「小孩不懂事，大人也跟著不懂事！」

「現在他高齡九十多歲，退化到連女兒早已搬回家住都忘記，卻可以一晚問我十幾次：允傑還在讀政大嗎？大幾啦？畢業還要打球嗎？」不管李爸回答幾次，爺爺都會忘記，但李爸還是開心地一直回答，「因為，這是爺爺僅存記憶中，最重要的一部分……。」

升大三賽季前、允傑生日當天，在菁英盃創下單場十五顆三分球的紀錄，卻也在比賽中受了大傷。「可能是上天給我的生日禮物，要我休息，思考怎麼做才會好。」他鼓勵自己，高度期待著傷癒回到賽場，就和每位球員一樣，希望自己能獲得教練信任，爭取最多的上場時間及最佳表現，「能打球真的是非常幸福的事。」

「為什麼我不在登錄十二人名單裡？」允傑也曾面臨內心煎熬。李爸鼓勵小傑調整心態且持續努力提升自己，「在都是高手的團隊，會面臨排名的問題。」但他還是選擇做尊重且不干涉球隊與教練的家長，適時提醒允傑場上和場外的各種細節。

政大雄鷹隊員來自台灣北中南東，出自不同高中，家庭環境與背景各異，有人家中有事業、有人需要擔起家中經濟。此外，每位球員個性不同、習慣不同、條件不同，教練團的大考驗之一，就是要讓這群潛力十足的大男孩，在球場上學習「以團隊為重」，在大學階段「一起拿冠軍」被看見；姜豐年與雄鷹教練團深信，「冠軍經驗」對其未來，不只籃球場，往後面對人生，也有其重要意義。

自二〇〇三年起，國內就有半職業籃球聯盟——超級籃球聯賽（SBL）。在政大雄鷹籃球隊成軍後幾年，國內籃壇風起雲湧，二〇二〇年九月PLG率先成立，隔年五月下旬又有T1聯盟成立，兩聯盟的部分球隊於二〇二四年七月組成TPBL台灣職業籃球大聯盟。許多大學球員趁此時機，把握機會，在畢業後、甚至提前投入職業賽場，政大雄鷹歷屆也有多位球員，爭取往更高層級發展。

初代雄鷹學長王詠誠在就讀政大傳院期間相當認真，有時犧牲睡眠討論報告並兼顧練球。在完成大學學業後，詠誠為雄鷹讀碩士班的第一人，因球隊在高雄而休學。他先後效力SBL高雄九太科技、T1高雄全家海神與SBL臺灣銀行隊。

同為初代雄鷹的洪楷傑，平時話極少，在雄鷹教練團眼中相當「特別」，他不像絕大多數球員是看美國職籃NBA找學習對象，而是「用自己的方式」、

「愈輕鬆愈好」。孫秉宏形容，「楷傑的內心像是有個老靈魂，總能輕鬆把遊戲玩好就好。」在地政系就讀期間，洪楷傑曾被師長讚賞「邏輯極佳，數學問題很能舉一反三」。二〇二一年他以探花之姿加盟新北國王，隔年加入臺北富邦勇士，總教練許晉哲稱讚楷傑在外線貢獻與傳球視野都非常優異。二〇二四年富邦勇士與洪楷傑續約，新賽季與選秀狀元莫巴耶及張鎮衙上演「政大連線」。

與洪楷傑同樣來自彰化的王振原，雄鷹總教練陳子威譽為「政大精神」。彰化高中畢業的王振原，原本以體育績優生身分考上中山大學應用數學系，讀了一學期，政大雄鷹成立第一年在UBA二級比賽，還曾對過振原。他因為「希望能接受更專業的籃球訓練」，決心重考，而後進入政大。

振原師承彰化高中的學長及教練蔡宗儒，練球特別認真，儘管身材並不突出，但「練球總是做到極限」，曾練到主力控球學長都說他的防守太難纏，儘管比賽時上場時間極其有限，他從不改認真態度。「這個小孩值得給個機會！」二〇二一年PLG選秀會，王振原被福爾摩沙台新夢想家選中，成為職業球員。姜豐年鼓勵振原追逐籃球夢想，「相信以他的認真精神，未來不管到哪個產業發展，都沒問題！」

同樣讓雄鷹驚喜、來自高中乙組的優秀球員，還有畢業自高師大附中的黃子軒。黃子軒進入政大，成為姜豐年外交系學弟，畢業後，獲教練團延攬，成為雄鷹隊培養的青年教練第一人。姜學長與教練團都期許，近年角色多元的子軒，能充分發揮獨有特質，未來成為成熟的籃球教練。

讓子威與秉宏都很難忘的是，子軒第一次到政大參加測試那天，頗為害羞。他才上場，被學長碰撞一下、往後倒，竟然就扭傷。這也才知道，子軒沒有貼紮腳踝、也不敢說，初來測試竟只能躺在一旁休息，當場氣氛有點尷尬。

「那……請孫老師先載子軒回住宿的地方好了。」子威開口了。秉宏邊開車，心想：「身高一九〇是很不錯，但都還沒看到他表現……，這樣要進政大，應該機會不大吧？」

從木柵到劍潭青年活動中心，這段路程不算短，秉宏隨意與子軒聊聊，了解他家庭各方面的情況。子軒是當屆乙組數一數二的球員，頗擅長彈跳，還曾被某運動品牌訓練營選上，赴上海參加活動。言談間覺得他是個乖孩子，也聽得出，子軒渴望進入政大。

那年政大獨招榜單公布，正取六人，黃子軒名列其中。

儘管子軒膝蓋有傷，入隊後，無法發揮擅長的彈跳優勢，但他心態極佳，除了加強防守、研究戰術走位，也主動承擔隊上幫外籍生翻譯的工作。比賽時儘管在板凳席，他全心熱情投入，為隊友鼓勵吶喊，氣氛組不能沒有他！姜豐年對這個小學弟的投入都看在眼裡、感受在心裡，「外交系的養分，加上雄鷹隊的磨練，政大雄鷹有子軒真的很幸運！」

無論教練團賦予子軒何種任務，剪影片、情蒐、開雄鷹車……，或是以大學長的角色，為學弟以身作則，子軒全都能勝任，為教練團分憂解勞；而在轉換角色，擔任教練的同時，球隊也鼓勵他繼續升學，子軒成為傳播所的研究生，用另一種方式，兼顧黑板與籃板。

17 林勵「亂炸五百」解心結——莊朝勝大三提前選秀

課業、戀愛與就業，常讓許多大學生煩惱，政大雄鷹學生籃球員也不例外，他們還有另一項「主修」——籃球。如何把課業和籃球「雙主修」都盡力做好，考驗著球員，也時時要面對來自校內外的「放大檢視」。

姜豐年將建隊重任交給孫秉宏之初，即深切期許這是一支「戰力與球品兼具」的典範隊伍，透過籃球專業傳遞「正向能量」給社會大眾。雄鷹成立一段時間後，以高標準、參考職業隊規格，擬定了關於場內場外的「政大雄鷹球隊守則」，要求球員遵守。守則中明訂，違反守則情形嚴重者，依程度不等，可能遭禁賽禁練、執行離隊程序或立即開除處分。

「能四年完成政大學業，接著銜接職業，這樣最完美。」孫秉宏和教練團有高度共識，「看重每位球員的發展，盡力協助。」成軍七年來，也曾有少數幾位球員因不同個人原因離隊，「每個孩子的能力、個人期望與發展道路都不一樣，也或許，我們對團隊的看法有差距，也可能，單純緣分不夠……」，「但雄鷹不曾主動放棄任何一位球員。」

就讀松山高中二年級時，即拿下高中籃球聯賽（HBL）最有價值球員的林勵，在高中畢業後，與當屆HBL的MVP林彥廷（能仁家商），名列政大獨招榜單前兩名，同榜正取第三名，是青年高中的涂亦含。

高中MVP的頭銜，讓政大新鮮人林勵受到高度關注，但網友對他的各種無情批評也不曾少過。

同是籃球、同是聯賽，但高中和大學其實是不同世界。在高中階段或許可憑藉身體優勢，但進入大學後就未必。有些身心狀態都極其緊繃、甚至高中時不得不帶傷上陣的球員，升上大一後，可能就像得了「打球失憶症」，呈現出「厭球」狀態；馬上面對新的體系，也考驗著球員對戰術的理解程度。

林勵就曾面臨類似的「撞牆期」。進入政大第一年，球隊很快發現他的狀態，安排讓他身心休息，準備在第二年重新開始，就在此時，學弟游艾喆加入，內部競爭變強，林勵需要調適成為替補角色。

昔日習慣執行貫徹「體系與指令」的林勵，一時之間有些抓不到方向和目標，教練團也在思考著，怎麼樣把「真正的林勵」找回來。

一日練球，看似一切如常，但子威和祥哥決定試試「不一樣」的作法——整場緊盯林勵，只要林勵稍有放鬆、速度放慢，兩人就不假辭色地大聲喊著「跑起來！」

一次、兩次、三次、四次……，林勵明顯覺得「我好像被針對了」，那是一種怎麼做都不對的感覺，怎麼連總說和自己「同梯入隊」的祥哥，這天都特別嚴肅、不苟言笑。林勵真的不知該怎麼辦了，一個念頭出現：「那我走，總可以了吧！」

球還沒練完，他頭也不回，逕自走上球室收東西，離開政大體育館。

「林勵不見了！他沒接電話，快想辦法。」當時不知子威和祥哥祭出這般「洪水猛獸激將法」的孫秉宏，接到電話，只能趕緊試著聯絡林勵。幸好，林勵接了電話。

「你在哪裡？先回來再說。」秉宏想當面跟林勵聊聊。「我在內湖，但我不要回體育館，他們怎麼這樣對我！」「你從後門先到樓上我研究室來，不會經過球場。」秉宏苦口婆心勸著。

兩人關著房門長談，林勵把心中很多垃圾都倒出來。

「教練思考著怎麼讓你進步，都思考到狂冒白髮；他們不是瘋子，也不是壞人，其實比你都急，只想把你喊醒。」秉宏說，「或許方式激烈了些，但他們絕不是要趕走你，是希望你對自己要求更高一些，爭取上場機會。子威與祥哥都說，身體條件就擺在那裡，把熱情與積極找回來，阿勵真的可以更好。」

那時也傳出，林勵有意轉學到其他學校。秉宏問：「你有想轉學嗎？」林勵搖搖頭。

促膝長談許久，秉宏建議林勵：「既然有很多不明白，最好就找威哥講清楚吧？」林勵若有所思，「不要現在！我再想一想。」幾天後，他鼓起勇氣，帶著「亂炸五百鹽酥雞」到總教練陳子威家，兩人邊吃邊聊，把內心深處的許多結一一解開……。

終究林勵選擇留在政大。當學弟游艾喆在臺大體育館受傷，暫時得高掛免戰牌，林勵在此關鍵時刻，成功扛起控球重任，姜豐年學長看著他在場上的表現，既滿意又欣慰，「我們一直相信阿勵可以。」

與林勵同樣家住苗栗的「小涂」涂亦含，畢業自青年高中。小涂有著優異的身體素質，子威認為足以彌補一九〇出頭的尷尬身高，加上他談吐言之有物，很清楚自己想做什麼，也成為雄鷹想要網羅的對象。

涂亦含進入政大後的認真及表現有目共睹，雄鷹制服組談起他，無不豎起大拇指，總教練陳子威更大推，「政大雄鷹連霸，小涂絕對是重要功臣。他的防守強悍，更願意做苦工。他的好，或許無法從帳面數據看到，但絕對能在更高層級的籃球舞台生存。」

涂亦含政大畢業後，加入SBL裕隆納智捷。二〇二四年五月，裕隆納智捷擊敗台灣啤酒，勇奪SBL冠軍，涂亦含球員生涯再添一冠！

迎新送舊，是學生球隊每年的必須。雄鷹制服組不只要帶領球隊拚冠軍，也要同時考量球員畢業後的職涯發展。「看重每個孩子的未來發展」是姜豐年捐籃球隊給母校的中心思想之一，也因此，在球隊完成UBA四連霸之後，制服組衡量實際情況，做出決定：「建議大三球員、後衛莊朝勝，提前投入職籃選秀！」

「不念書了嗎？」「要放棄學業了嗎？」「他念不下去了嗎？」一時間，流言耳語四起；各種揣測中，暗藏各種對運動員的刻板印象。而一般生若雙主修延畢，就被視為正常。

子威、祥哥和秉宏的考量是，政大雄鷹拿下UBA四連霸，決賽兩戰在關鍵時刻挺身而出、表現極為搶眼的一七八公分高小個子後衛莊朝勝，若在此時先投入職籃戰場，無疑是最佳時機。而朝勝本人也有高度意願，在有共識的情況下，教練團與他約定好，「既然職業球員的就業機會先來了，就牢牢抓住！或許就多花點時間、加倍努力，但不放掉政大學業。」

二〇二四年三月下旬，UBA四強賽政大對上虎尾科大一役，莊朝勝挺身而出，打出在小巨蛋的代表作，單場四記三分球，共拿下廿三分，幫助球隊搶下冠軍賽門票。隔天冠軍賽，游艾喆大三元演出，莊朝勝也延續火燙手感及旺盛鬥志，砍下十七分，率領雄鷹以九二比五九擊敗健行科大，收下四連霸，總教練陳子威直呼，「朝勝也是MVP！」

莊朝勝的精采表現有目共睹。「但適合朝勝的這個作法，不見得也適用於其他球員。」孫秉宏很清楚，近兩三年職籃賽場發展火熱，機會很多，但每年畢業生投入就業市場，每個人面對的情況都不一樣。

「其實，若把朝勝留下來，對於下個賽季拚UBA五連霸，似乎是更輕鬆的選擇。」子威、秉宏和祥哥慎重討論，且向領隊姜豐年學長報備後決定，「教練都希望球員有好的發展。我們願意選擇讓自己有壓力、但正確的事。」

二〇二四年七月十二日PLG選秀會，高雄17直播鋼鐵人在第二輪第一順位，選進莊朝勝，第三輪再補進王凱裕。陳怡樺（Eva）學姐稱兩人為雄鷹的「鋼鐵雙俠」，期待他們登上職業舞台的亮麗表現。

18 鷹雄齊聚——雄鷹制服組專業分工

「方向一致的專業教練團」，是政大雄鷹七年內四奪UBA冠軍的重要關鍵因素。「真的要很感謝這個教練團。」總教練陳子威說。

體能訓練師「G哥」王昱中、運動防護師「新哥」廖期新，都在雄鷹創立早期即加入團隊；「碩哥」侯碩在二〇一九年加入團隊，先在「英雄育樂」擔任主要執行，二〇二三年正式成為雄鷹隊行銷經理，球隊另外也聘請知名訓練師王天佑，擔任球員技術發展教練。

「在祥哥加入之前，我是球隊最老的。」王昱中笑說。看昱中專業指導球員體能訓練，很難想像他過去的背景。

「G哥」是清大電機系畢業、臺大電信工程學研究所碩士，接著進入科技公司上班。工程師做了兩三年，工時很長且經常加班，每天都覺得累，也感受不到自己對工作的熱情，「股票拿了、有些底氣，決定離職，做自己想做的事。」

昱中一直喜歡運動，大學時打系籃，曾為了想練體操，從新竹北上到師大學習。「單純想變強」的念頭，讓他樂於自己蒐集相關資訊。辭去工作後，他也曾到德國留學，後來又到國立體育大學競技與教練科學研究所，拿到第二個碩士學位，「那時在國體的實驗室，儘管早出晚歸，但學習動力特別強，也能看到國內很頂尖的選手訓練。」

「一開始來雄鷹籃球隊其實只是代班，誤打誤撞。」後來昱中成為全職，「從協助到實際負責，我也想試試看自己的能力，這種經驗太難得。」他帶入「歐洲派」的體能訓練觀念，力量、速度及協調等，都在訓練範圍內。「打個比方，張無忌一開始學九陽神功（就像做重訓），打不贏別人，只是很能承受、打不死而已，但再學了乾坤大挪移（就像協調）、學了太極劍（有了招式），再去打就能排山倒海。」在昱中的指導下，球員慢慢長肌肉、力量變大，能與外籍生對抗。

「球員是一個有機體，不能體能歸體能、練球歸練球。」昱中透過訓練和比賽觀察球員的個別變化，提供適宜的課表。「後來回想，幸好有新冠疫情那段期間。」昱中說，疫情前雄鷹拿到第一座冠軍，當時為了拚冠，全隊付出極多，球員的身體損耗相當大。疫情期間遵守防疫規定，無法群聚，訓練量和比賽都減少，球隊就透過開直播、遠端練習或App等方式，變通訓練，也能適時休息。

在政大雄鷹籃球隊，團隊同甘共苦、互相照顧，宛如生命共同體。「看教練團投入的時間和辛勞，每個都是勞工楷模。」昱中笑說，因為不喜歡輸球的感覺，每場比賽都是檢視自己工作與專業的機會，「就像在東京WUBS奪冠，當團隊拿下勝利，你會知道，小兵也能砍下大將的頭，對自己的懷疑會愈來愈少，有信心，我們也能一起站在世界舞台。」

除了教練團每次開會、討論，球員的反饋與表現，對昱中來說也很重要。「特別是王振原，看著他的堅持，該做就做、不想其他，你會有支撐下去的動力。」他也享受於「讓球員不知不覺喜歡我的訓練」，「林彥廷從CBA回來找我拿課表，對我來說也是種肯定。」

為球員的健康把關

運動防護師「新哥」廖期新，需要和訓練端的子威、祥哥和昱中密切配合和討論。就讀臺北市立大學時，期新主修運動健康科學系，專長為運動傷害防護，接著念碩士班，也接觸運動科學領域。

期新曾在璞園籃球隊實習，也在那時認識了子威，曾協助子威做復健訓練。碩士班寫論文正燒腦的時候，一天接到子威電話。「政大有球隊，你有興趣嗎？」「我先努力畢業，畢業還要當兵。」幾個月後，子威再次致電，「你想好了沒？」子威願意等，「新的球隊從無到有、建立文化最難，我們可以一起讓這件事發生。」這讓期新心動不已，「想一起把這件事做好。」之後他正式加入雄鷹團隊。

「決定來政大那時，體育館還在整修。記得那時還戴著工地帽，進去看重訓室規劃。」期新見證了雄鷹隊訓練環境愈臻完善的過程，匆匆七年過去，「剛開始跟球員差不了幾歲，現在我都變叔叔了。」期新笑說。

在球隊，期新的主要工作是運動傷害預防與緊急處理，遇到身體狀況，陪同球員後續就醫看診，與醫師討論治療方式，也要和教練端溝通球員的身體狀況。「保護球員第一優先，希望在可控範圍內，加速球員恢復、回到球場，能有最佳發揮。」除了訓練與比賽，期新也肩負日常監控球員身體狀況的重任，協助球員健康管理，大大小小事務處理完，經常已是半夜。

期新時時記得過去彭麗貞老師的諄諄教誨。比賽時，他總站著，以四十五度角方向、全面關照球場，不只場上，也包括板凳席，第一時間掌握所有狀況。「這些年來，很開心看到球員席的每一位，時時正向為隊友加油打氣的樣子。」

賽後有時需要陪同球員看診就醫，期新常常覺得，「這些孩子真不容易，在球場端要吃苦、抗壓，下了球場，治療、按摩、挨針。針扎在他們身上，其實也像扎在我的心上。」看過許多球員最脆弱的落淚時刻，除了陪伴，也要用自身專業，鼓勵這些男孩正向積極地重回賽場。

他清楚記得這些年來，無論洪楷傑、丁恩迪、李允傑、游艾喆、林彥廷、宋昕澔……每位雄鷹球員的傷痛時刻，以及一起走過傷病的勇氣和毅力。「第一年打公開一級，我們球員都很瘦，就連外籍生都是，那時上場比賽，就像被霸凌。」期新說，「有球員受傷，教練團會密切開會，討論怎麼幫助球員，重新站在屬於他們的舞台上；也很感謝家長相信我們。身體受傷需要時間恢復，而訓練與比賽不等人，我的工作常要跟時間賽跑。」

扮演產學合作的橋樑

球隊對內對外的大小事務很多，也包括行政事務。孫秉宏分身乏術的時侯，昱中、期新也都會協助，昱中分擔許多公文處理的工作。

但政大雄鷹籃球隊不只是一支「校隊」，不只要拚全國冠軍，還有更豐富的面向。辭去鴻海專案管理工作，自中國大陸深圳返台的侯碩，扮演重要角色。

「那時放假回台灣，和姜董面試。」侯碩大學讀的是北市大休管系，本來就嚮往運動產業工作。

那時他因緣際會到對岸當台幹，整個廠區四千人只有他一名台幹。周一至周六都上班，周休一日，有時周日也得加班。早出晚歸，生活相當精實。儘管也是不錯的學習機會，但考量家人以及高中就開始交往的女友，「若有機會回台灣發展，也不錯。」

侯碩的叔叔侯政過去就讀政大銀行系，是姜豐年的政大學弟，早早就和侯碩提過政大雄鷹籃球隊要創隊，那時也將他推薦給姜學長。

「說說你的背景啊。」姜學長問侯碩，「我念北體，做過籃協SBL的場務工作、在體育署競技運動組實習過……。」侯碩心想：「姜董感覺好親和，和認知裡傳統企業家的感覺很不一樣。」

「侯家菁英沒問題。一月就可以來工作嗎？」姜豐年馬上決定延攬侯碩，「謝謝姜董，我完成工作交接後就能報到。」侯碩回到深圳先處理工作及離職事宜，當時主管聽到他竟是要回台灣的「大學籃球隊」工作，臉上表情彷彿在說：「那真的會有發展嗎？」

二〇一九年四月，侯碩正式加入雄鷹團隊，首要任務是籌辦八月上旬在政大體育館舉行的國際賽——雄鷹盃名校籃球邀請賽，共六隊參賽，包括來自對岸的北京清華大學、日本筑波大學、韓國漢陽大學，還有台灣的政大雄鷹、臺灣師大和臺藝大籃球隊。

「起初真的沒想過，每年做的事差異這麼大。」侯碩說，不只辦了國際賽，還開了運動文創工作室「Studio 62」、和喬丹品牌合作、與咖啡品牌Cama聯名，還到嘉義市辦了幾屆王輝盃全國籃球邀請賽。新冠疫情那段時間，無論辦比賽或經營門市，又面臨不同的考驗。「這些經歷真的很豐富，也真的很難忘。」

連續四年進入臺北小巨蛋，和雄鷹籃球隊一起流淚、歡笑，雄鷹迷熱情拋彩帶、制服組與球員興奮慶祝的時刻，侯碩都在幕後忙著張羅一切，將準備好的冠軍T發給全隊，將雄鷹吉祥物高飛帶到適當的位置，還要負責場外的政大雄鷹攤位……，「其實每次奪冠，我的內心都很激動。」侯碩說，「鎂光燈不需要在我身上，做好球隊交付的每個任務，每次活動順利執行，就是我加入政大雄鷹最大的成就感。」

19 重視教練價值——陳子威：四年冠軍強在凝聚

尋求UBA四連霸的這個賽季，三月初打八強複賽，政大雄鷹迎戰虎尾科大之戰，比賽第二節，大二生宋昕澔一次切入取分後腳踝扭傷，現場氣氛瞬間凝結。許多政大球迷都站了起來，緊盯著倒地的昕澔，而隊友也全都上前圍著他，關心他的傷勢。

突然間，現場響起掌聲與笑聲。又高又壯的外籍生波波卡，當場一把將昕澔抱起，直接將他抱回板凳區，以便防護師廖期新為他檢查處理傷勢。受傷的昕澔露出燦笑，還順勢摸了摸波波卡的頭，溫馨可愛，球迷再次見證政大雄鷹隊友間的好感情。

宋昕澔受傷，究竟能否在三月下旬決賽時傷癒復出？各方都在關注。

「昕澔恐怕不能打。」聽到期新這樣說，子威和祥哥都沒講話。持續治療努力到決賽前只剩幾天了，「還是沒辦法。」若問昕澔本人，他很篤定：「我想打。」

政大雄鷹成軍七年來，教練團常要面對「關鍵抉擇」，防護師及體能訓練師提供專業建議，總教練陳子威需要思考的面向更廣更深，不單只是球員的健康、整體的戰績，還有球員的心理、甚至未來的職涯發展。

「若少了昕澔，我們能拿冠軍嗎？」子威很清楚，全隊都渴望這座冠軍，而這座冠軍將影響許多人。依照經驗判斷，昕澔能打、心理素質也能承擔，本季最後這兩場重要比賽，對其成長相當重要。他告訴昕澔，「別想太多，即便進攻得不了分沒關係，上場先拚防守。」

宋昕澔在四強賽對虎尾科大，上場六分鐘，有一次抄截表現。隔天冠軍戰面對健行科大，他打了超過一半時間，繳出十三分，幫助球隊拉開差距，在隊上得分僅次於莊朝勝。這是昕澔籃球生涯第一次，在重要決賽前遭遇大傷，「表現超過我自己預期了！但能夠幫助球隊拿下冠軍，真的很感動！」

當下，總教練陳子威自然是開心的，他擁抱球員，「高興再次完成了使命和目標，與教練團、球員一起，在這個賽季收獲完美成果。」但他也坦言，「拿到四連霸當下，球迷就比出了『五』的手勢，其實『沒有真正放鬆的一天』。」

政大雄鷹創隊七年來，陳子威帶領的教練團經過不斷溝通磨合，始終在追求進步。儘管執教風格嚴厲，子威希望他與教練團的關係，不是「上對下」，而是一起成長，看著昱中和期新，從沒有協助球隊經驗，到逐漸能獨挑大樑，子威既欣慰也感謝。「雄鷹球員的身體成長很明顯，從過去的瘦削到今日的精壯；甚至有一年還全員健康打冠軍賽，這都看得出教練團付出很多努力。」

「就和球員一樣，教練團的團結也很重要。」透過觀察球隊的狀況，包括訓練方式在內，許多事陳子威不再堅持過去習慣的想法，而是和團隊一起，找出理論結合實務的最佳作法。

「祥哥加入教練團隊真的很重要。他最厲害的是和球員互動非常好。」子威念高中時就認識范耿祥，後來在達欣籃球隊相處十年，「他一直都是很會照顧人的大哥，場上場下都是好夥伴」，「祥哥聽我講話，承受滿多。」兩人無話不談，「教練也需要刺激，達成四連霸這四年，我認為，教練不要太安逸，不要都做一樣的事，我們要一起調整、學習。」子威也認為，「教練無法做到每位球員都喜歡你，但至少做到問心無愧。」

執教師大男籃七年、接著政大雄鷹七年，過去子威不太敢主動請教其他教練，到後來，他常請教許晉哲教練，「成功經驗很重要。拿不拿得到冠軍，一定都有其道理。」

「十四年的職籃球員生涯中，我跟過很多名教練，劉嘉發、邱大宗、黃萬隆、許晉哲教練，都是我的師父。」子威心懷感謝，「是這些教練教導我，如何成為專業的籃球員。」

而當子威也成為教練後，「許晉哲教練就像是我的師父。政大完成四連霸，我特別要感謝他。」子威說，「每當我有盲點，請教許教練，他都給我許多想法和作法」。許晉哲是SBL第一位四連霸教練，「從他身上我學到特別多，他就像我教練生涯的導師。若我在執教上有些成就，真要特別感謝許教練。」

子威常自問、也請教其他教練，「政大籃球體系到底是什麼？」逐漸歸納出：「不需太早下定論，也無須太在意派別，現階段持續摸索學習，才是最重要的。」拿下四連霸後，孫秉宏、陳子威與范耿祥在姜豐年學長與Eva學姐全力支持下，赴西班牙取經。「到現場去學歐洲籃球。」期盼為政大雄鷹未來長期發展，注入更多元、更豐富的養分。

「小時候我夢想當體育老師，但當了教練以後，我發現自己喜歡分享籃球，喜歡當教練，喜歡看到球員進步成長，這讓我有成就感。」曾經也有國內頂尖大學想聘子威任教，「但若沒有帶球隊，我不會考慮。」子威說，「教練工作很值得鑽研。」

扎扎實實的團隊互動，日復一日、年復一年與球員的相處，其實都關乎「教育」。

子威曾經告訴球員：「曾聽說有些高中教練會說，來到政大就是要犧牲球權、數據。」他問球員：「為什麼說『犧牲』，而不說是『付出』呢？」在子威的哲學裡，為團隊付出，在球場上願意跑、願意衝、願意搶、願意拚，打法無私不是犧牲，而是在攻守兩端多做付出，願意幫助彼此、互相扶持；願意一起完成團隊的共同目標！

政大雄鷹的這四座冠軍，從第一冠的刻骨銘心、第二冠的一心一意，到三連霸的證明自己，再到第四冠的賭上未來，陳子威心中明白，政大雄鷹強在凝聚、強在互信、強在外人無法輕易破壞的向心力。

「籃球太難了。」范耿祥說過，「不只打球，難在一人一個心情，『人』要處理。」帶領一支球隊，從來不是件容易的事。回歸到最根本對「人」的關心，是陳子威率領的教練團，面對新的世代，持續在調整改變的事。

「以前我希望大家都要一起熱身，比賽的登錄名單，從不會提早公布。」後來子威調整作法，換位思考之後，他會提早公布名單，讓球員可以提早調整心態、安排自主訓練，讓球員可以告知家長，避免來到比賽現場，期待落空。子威也常提醒教練團，「對於上場時間比較少的球員，一樣關心。」比起球員的天賦與表現，子威更看重「態度與精神」，「來到球隊的每位球員都有價值」，從早期王振原、到後來涂亦含、李允傑等人，「都是認真到讓人會害怕的球員」，希望這樣的態度，一屆一屆傳承，成為雄鷹籃球隊的優良傳統之一。

「我個性真的很硬，是那種別人愈不看好，我就愈要做好的性格。」嚴厲帶領球隊的同時，子威關注球隊的每個細節，在雄鷹完成四連霸之後，勇於迎接各種挑戰，準備帶領團隊，一起開啟新的篇章。

「姜董投入這麼多，你帶隊的壓力很大吧？」許多人曾問子威，他的心情是「感恩惜福」，「當初選擇接下總教練，我就清楚要承擔這些壓力。」陳子威說，「與其說姜董給壓力，其實是我給自己壓力。但雄鷹每個階段的成果，都讓我覺得很有成就感。」

「真要說壓力，家裡的壓力，或許才是讓人會崩潰那種。」子威幾乎不曾當面對太太沛琳表達內心的感受，「其實我滿佩服她的。我太太真的很樂觀，也很堅強。」而沛琳對子威在球隊教練工作的投入與用心，也全都看在眼裡，深刻感受在心底。

就像每位制服組成員的另一半，這些年，制服組家人在背後的全力相挺，無疑也是政大雄鷹建隊至今、能持續締造新紀錄的最強後盾之一。

20 創新・趨勢・人——運動DNA改變政大

「姜豐年創建雄鷹，陳怡樺打造英雄！」

當年外交系姜豐年與哲學系陳怡樺，在政大分別拿過男、女籃冠軍，這對「冠軍對」事業有成，畢業多年後慷慨回饋母校，破天荒地「捐一支籃球隊」給政大，在雄鷹籃球隊創隊之後，持續支持，是讓團隊得以安心發展、羽翼漸豐且成長茁壯，最關鍵也最強大的支持力量。

從想法到實踐，姜豐年無怨無悔，「秉宏和子威爭氣，再加上Eva毫無保留地投入，雄鷹未來一定會更強大、更有影響力！」他欣慰地說。

雄鷹執行長孫秉宏的辦公桌前，始終貼著姜豐年過去與喬丹的合照。關於姜豐年籃球與創業的傳奇歷程，就是這支球隊的DNA。「很幸運，Eva學姐同為政大校友，對籃球、對運動，姜學長夫婦都有很豐沛的熱情，也以極大的包容，給予球隊最大的空間。」

儘管事業忙碌、常是空中飛人，姜學長與趨勢科技執行長Eva學姐的行程裡，「政大雄鷹比賽」絕對是重要優先事項之一，無論在比賽現場、或在轉播螢幕前，兩人都熱情為學弟加油打氣，為教練團的調度鼓掌叫好。

「球隊不只要拚冠軍，還一起創造了很多珍貴的回憶，這些都是凝聚球隊向心力很重要的一環。」總教練陳子威說，這些年來因為姜董和Eva姐全力支持，球隊陸續規劃到中國大陸、澳洲、日本、菲律賓、美國等移地訓練，許多行程是隊職員和球員的初體驗，對於開拓球員的視野與提升競爭力，幫助極大。

不只如此，政大雄鷹以UBA冠軍隊之姿，飛往日本東京參加WUBS世界大學籃球系列賽，趨勢科技特地贊助這場賽事。「要打造雄鷹世界主場！」Eva學姐說，「第二屆冠軍賽賽前，姜學長特地穿上趨勢科技的T恤與裁判握手，就是要告訴裁判，請公平吹判！」

Eva 學姐還獨創「數據紅包」，融合她既是「科技人」又是「文化人」的特質。她總能自己整理出球員在場上的數據表現，想出許多「特別獎」來鼓勵學弟，替補球員、苦工球員、「牛仔很忙」……，常讓雄鷹球員和教練團會心一笑，是溫暖又有創意的肯定方式。

讀政大時，小姜豐年一屆的政治系校友賈先德清楚記得，姜學長籌劃雄鷹籃球隊之初，曾與校友分享，「我要用新創的方式做球隊。」那時姜學長念茲在茲的重點之一，是輔導球員進入政大後的課業，他也清楚點明，「這支籃球隊要成功，必須要有觀念、理念一致的核心工作團隊。」

在政大雄鷹升上公開一級時，擔任體育室主任的呂潔如，有機會近距離觀察到姜豐年學長既霸氣又溫柔的一面，尤其時時表現在對學弟球員的關心上。那時在政大體育館首度舉辦UBA主場賽事，一連四場，政大雄鷹皆輸，最多輸給健行科大卅九分。「我相信，最想贏球的一定是姜學長，但球隊輸球後，他卻從沒有一句責備。」

體能教練王昱中是電機資訊背景，對於網路鉅子「姜豐年」的大名，他很早就如雷貫耳。「那時我們在政大主場慘輸卅九分，有其他學校的人開酸：『歡迎來到甲一』。但那晚姜學長依舊和顏悅色，照常只有鼓勵，還帶大家吃燒烤火鍋。」

運動防護師廖期新與姜學長則有著「另類緣分」。期新的老師「彭姐」彭麗貞曾是新浪獅籃球隊的運動傷害防護師，姜豐年正是她的老闆；而期新過去在璞園籃球隊實習時，常聽彭姐分享新浪姜董非常照顧球員的往事，沒想到有一天，姜豐年竟也成為自己的老闆，「親身參與其中，才能體會，這真的不只是一支籃球隊。」

成軍七年來，政大雄鷹在姜學長與Eva姐的支持下參與公益、學習回饋。除了多次參與善耕365公益音樂節，和偏鄉孩子同台感受歌唱的快樂；完成四連霸後，球隊也到游艾喆、莊朝勝與徐得祈的家鄉宜蘭南澳，首度舉辦公益籃球營，將雄鷹籃球的種子，藉由實際行動散播出去。

射手李允傑在政大六年，允傑的爸爸從家長視角見證孩子的成長，也深深感受到這支新球隊從無到有、從有到好的珍貴。「從想做、去做、做到與做到最好，是完全不同層次的思維及努力。因為姜學長創立雄鷹這支勁旅，漸漸影響了UBA生態、政大校風，甚至籃壇環境，這在六年前，我們想都想不到。」

二〇二二年八月一日接任政大校長的李蔡彥校長，在擔任校長前，就曾與其他政大老師一起，到臺北小巨蛋體驗「政大主場」氛圍。雄鷹的第三、第四座冠軍，他在小巨蛋「搖滾區」，與雄鷹團隊「並肩作戰」。賽後，李校長則陪著女兒一起在小巨蛋外，耐心排隊，等著雄鷹球員簽名合照。

坐在搖滾區的李蔡彥校長，隨著球賽內容，也會緊張、忐忑，但也認真感受著那股因為雄鷹籃球而凝聚的政大校友向心力。「那股影響力就如同漣漪一般，慢慢擴大，範圍愈來愈廣。」「雄鷹球風正反映出政大校訓『親愛精誠』，所帶來的影響是無價的，雄鷹精神正是政大的最大資產。」

李蔡彥在政大服務三十年，「過去政大沒有這樣的風氣，隨著雄鷹的成績愈來愈好，愈來愈受到學校師生的關注與認同。」他深刻地感受到，「校友關心母校發展，需要一個著力點，而雄鷹籃球隊就扮演這樣的角色。」其他大學校長有時和李蔡彥校長聊起雄鷹，「怎麼那麼厲害！」「不要贏太多！」李校長總幽默回應：「我們盡量。」校長也笑說：「可能我在臉書按太多政大雄鷹的讚，臉書總推給我一堆籃球訊息！」

李校長近距離觀察雄鷹隊的教練團。過去他總是好奇，「球員和教練圍成一圈時，都在講什麼？」坐進搖滾區，發現與原本的想像大不同，「政大教練團和球隊總監都在『教育』，不打罵，都在精神喊話，精準地指導球員發揮自己的優點。」

對於姜豐年學長與Eva學姐的「創業精神」，李校長也深感佩服。「看得到但風險高，仍然願意追求，這就是創業家的精神。創業最難之處在於，看見大家看不到的價值，不畏挫折、勇敢追求。」「雄鷹籃球隊所創造的價值，已是創業有成，成為政大不可或缺的一部分、學校非常重要的『新傳統』。如果不繼續去做這件事，是會引起革命的！」

李蔡彥校長認為，籃球績優學生進入政大，能獲得的也和其他學校不同，「學生其實背負很大壓力，不只是贏球，如何融入也是一種壓力。但政大有著包容的環境，每位學生都能善用這個環境，學到專業，找到未來發展方向。」

二〇二四年，政大「運動產業與文化學士學位學程」（簡稱「政大運動學程」（SportX）開始招生，以運動為中心，培育更多跨領域人才。

過去除了「政橄」及登山社團，政治大學似乎鮮少讓人與體育運動直接連結。運動學程主任呂潔如在擔任體育室主任期間，深刻了解雄鷹籃球隊所帶來的各種「化學效應」，自體育相關科系出身的呂潔如與孫秉宏都認為，政大在人文社科、法學、商學及傳播等領域的豐沛量能，以及深厚的「人文精神」基礎，都能激發出更多政大人的運動DNA，也是投入運動產業發展極其珍貴的寶藏。

李蔡彥校長上任後，對於政大運動學程的定位有所討論。他認同「體育績優學生有一天也要進入社會，一直採取單獨開班、保護教育的作法，反倒剝奪了學生學習適應社會的能力。」「政大成立運動學程，不是為了讓體育績優生容易畢業，而是為了運動產業與文化形塑有機會在政大發展，有興趣的人能投入進來，培養台灣發展運動產業所需各式各樣的人才。」

「有人說，雄鷹籃球隊的成績，是用錢堆出來的？」李蔡彥校長也曾被問到這個問題。

「沒有錢怎麼創業？」李校長反問，「是不是其他學校有錢，就也能創造出雄鷹？」

「有錢不是萬能，沒有錢萬萬不能；有錢是合理，錢不是罪過。」李蔡彥解釋，「政大很幸運，有懂籃球又懂企業經營的姜豐年學長。形式或許可以複製，但精神有時很難；有時因為『人』的關係，缺了某些元素，就很難成就。」

李蔡彥想起坐在臺北小巨蛋「搖滾區」時，親眼所見政大雄鷹團隊的每個專業細節，他深深相信，「政大本身若是創意源頭，就不怕別人來學。時時反思，了解自己的強項，發揮自身特色，相信未來能炒出一道又一道好菜。」

源頭活水，正如同政大雄鷹籃球隊期許團隊「Be Water」。如水一般，適應任何環境、突破阻礙，最終得勝。

第二部

雄鷹文化——二〇二一～二〇二四奪冠全紀錄

什麼樣的團隊文化，
能夠推動一群來自四面八方的年輕人，
共同朝向同一目標邁進，打造驚人的四連霸傳奇？
從四年有成到應許之地，
譜寫大專籃壇登峰現場的完整紀錄。

編按：

柯智元，一九八五年生、台北人，紀錄片導演。二〇〇九年畢業於政治大學廣播電視學系，政大雄鷹球迷。「很多細節隨時間終將淡忘，而體育競技場上，總有許多珍貴的好故事。」學生時期就喜歡看現場籃球的他，也著迷讀籃球相關文章。自二〇二一年起，柯智元每年寫雄鷹，「純粹想作為一種觀察、記錄的儀式，覺得這支球隊很令人著迷，值得動筆寫下來。」

本書摘錄柯智元自二〇二一至二〇二四年發表關於其個人觀察政大雄鷹心得的文章，也邀他為本書特別撰文。

01

從這裡起飛——尋找能創造美妙時刻的球員

在挑選和培養球員的道路上，大學隊伍與職業隊伍各行其道，策略迥異。職業賽場吸引大牌球星的關鍵，往往是一紙豐厚的合約。渴望建立冠軍王朝的衛冕軍，更需花心思在自由市場上與各路球員談判、組團或續約；但大學隊伍不能複製這種模式。一支成熟的大學隊，涵蓋從大一到大四的球員，他們同甘共苦，相互扶持。他們類似有機體的召募與組隊方式，與球隊設定的發展方向緊密相連，如同一株生長的植物，每個部位都重要。

畢業後，那些技術全面的大學球員或許會踏上職業賽場，不僅是對他們技巧的磨練與雕琢，也是對未來無限可能的探索。美國NCAA的多年經驗告訴我們，絕大多數球員不將職業球員作為人生的唯一目標；對他們來說，大學四年可能更被藝術、媒體、法律政治或商業金融所吸引。並非每位球員都夢想、或有機會踏上NBA賽場。有人儘管選擇了籃球之路，卻遠赴他國發展。每位球員的未來都充滿無限可能。透過籃球學到的團隊精神，讓他們能成為許多領域，懂得欣賞他人、與他人合作的佼佼者。

大學球員所面臨的「硬條件」，是他們只能在大學效力四年，極少數有攻讀碩士計畫的人，可以例外再多打一至兩年。不論你是誰，剛入隊的新生，總需要學習如何成為一名新人，從板凳席上，觀察更資深的球員如何在賽場上應對；四年後，當成為隊伍中最資深的成員時，便會成為新加入球隊菜鳥的榜樣——學習如何執行教練團設定的攻守戰術。這樣的傳承，如同生生不息的有機體，也使得觀看學生球賽，有著一種獨特的魅力。

在球場上表現出色的孩子，自然會受到人們的關注與讚賞。但我更加佩服那些能一眼就看出「這個小孩是否能融入自家球隊攻守體系」的伯樂。

一支球隊要想突然間奪冠，「運氣」可能是關鍵因素。然而，要想在連續多年保持競爭力，無疑，召募是至關重要的一環。面對時間壓力，教練團如何高效完成召募，成為一個值得深思的問題。

除了政大本身多年積累的升學光環，我發現，最終打動這群球員及其家庭的，是他們的細膩之處。

每一位球員，在制服組眼中，都是寶貴、完整、尋求自我實踐的靈魂。

夢遊者

當面臨無法親自飛往國外評估球員的挑戰時，「你如何在短時間內判斷一位外籍生是否適合加入球隊？」這個問題令人深思。執行長孫秉宏直言，有時很依賴緣分，也很依賴運氣。

本土球員更習慣稱呼孫秉宏為孫老師，而外籍生總是直呼他的英文名字——Stanley。

「經過四個月溝通，莫巴耶才終於答應加入政大雄鷹。」

深夜時分，當多數人已然沉睡，孫老師家中客廳的燈光還亮著。面對塞內加爾和台灣八小時的時差，他的生活節奏徹底顛覆。每當夜幕降臨，他盯著社交軟體，準備與莫巴耶對話。

如果說，是在看一段愛情故事，這還真是一段超越時空、連接兩顆心的旅程。只是這絲毫沒有浪漫元素，兩個男人討論的是「人生」這類嚴肅的話題。

「你未來想過怎樣的人生？」

「你覺得自己現階段遇到什麼瓶頸，還有哪些技巧需要加強？」

「你的內心有沒有堅強到、被擊倒後不氣餒，還可以聽隊友跟你說實話？」

孫秉宏笑說，那段時間，妻子經常覺得老公每晚都一個人在客廳夢遊，喃喃自語。

「你知道嗎？」孫老師在一次深夜的通話中低聲說，「真正的勝利，不僅是場上的得分。」地球的另一端，莫巴耶沉默片刻，接著分享了他對自己未來打職業籃球的想像。

「Stanley，我從來沒去過台灣。可不可以給我一個去亞洲打球的理由。」莫巴耶問出他心底最深處的疑問。

「你想成為職業球員，而我會努力，讓你被全世界看見。」

深夜對話，莫巴耶與他分享了自己的心事，更探討了未來的夢想與計畫，這些時刻讓兩人的關係超越了教練與球員，成為彼此人生路上的引路人。

從這些時間切片不難推想，對於尚未明確答應加入政大雄鷹的孩子，每一次召募，孫老師都需要花費多少心力與時間一一溝通。更何況，每一年都得預備下一屆的新血召募，他從沒有哪一刻敢真正卸下責任，徹底休息。每年球隊都會有人畢業，也得有新人加入。這份工作似乎沒有止境，永遠沒有「登出鍵」。

有時，孫老師也扮演心靈輔導師的角色，引導這些年輕人看看手邊有哪些現有資源，可以幫助他們「找到自己的道路」。他經常描述自己的工作就像保姆：球員上場比賽時，照顧他們的是子威教練與耿祥教練等人；一下場，所有事務輪到他來負責。制服組一向分工明確，彼此尊重對方的專業。

從我的角度來看，孫老師是台灣少數通過FIBA國際考試，擁有行走全球證照的專業人士。作為一位能獨立操作、理解合約的經紀人，他沒有選擇到職業球團報到，而是選擇進入校園，向一群廿歲左右的年輕人分析利弊得失，這使我好奇，他是否也曾感到迷惘或遺憾。

他給出一個直率、俐落的回答：「不會。我真正想做的，是教育。」

關於籃球，傳統球探最感興趣的勘查地點，無疑是發源地美國。然而，孫秉宏卻反其道而行，對來自非洲國家塞內加爾的孩子情有獨鍾。從政大雄鷹畢業的外籍生，幾乎都來自塞內加爾。

孫老師特別偏愛那些虔誠的穆斯林球員。他們來到台灣，勢必面臨的挑戰，不僅是適應飲食文化，還有如何在齋戒月期間保持最佳狀態上場比賽——那正好是每一季UBA最關鍵的時期。

要繼續找這樣的孩子，就需要找到方法，幫助他們度過每一次的齋戒月訓練。但與其設定嚴格的「隊規」，孫老師更欣賞這些穆斯林孩子對籃球的執著，「原廠設定」讓虔信、意志堅定的他們，得以撐過艱辛的正規訓練。

「因為他們嚴格恪守宗教戒律不飲酒，也沒有習慣去那些鬧哄哄的派對。對這個年紀的孩子來說，這樣的自律非常罕見。」孫秉宏說，莫巴耶甚至是沒有其他娛樂，全心投入籃球訓練的孩子。「他一直希望提早投入職業，幫助自己的家。他非常認真，每天起床只想著這件事，心無旁騖。有時遇到這樣的孩子，你在教學上是會有成就感的。但你也更需要去幫他提前規劃，還有哪些事是他該去在意，但目前還沒想過的問題，提前找他討論。」

聶歐瑪、丁恩迪等曾經的雄鷹球員，現在都已獲得職業球隊合約，成為畢業生中的佼佼者。孫老師相信，這群塞內加爾孩子，需要的只是一個機會。而政大雄鷹的制服組特別擅長培養人。

在我和孫老師談話時的遠方，最後一年將畢業的莫巴耶，正在分組對抗訓練。暫停時間，他低下頭，微微調整膝蓋上的貼紮。

孫老師看著莫巴耶，向我補充：「以前他是不可能會包這些東西的。他從不知道這些伸展、貼紮，對自己能擁有更長遠的職業生涯有多重要。來到這邊後，這些也是我們教育的一部分。」

莫巴耶突然抬起頭，從遠方望了一下孫老師，俏皮地對他比了一個YA。孫老師也禮貌地微笑點頭回應。

「你永遠不知道，下一個喜愛籃球的孩子，他的未來，會不會就這樣被你改變了。」

他說，自己從來不能直接預判，這個孩子跟球隊有沒有緣分，但制服組依然要努力嘗試，永不放棄任何一個孩子。

「我總是對他們說，加入我們，不僅為了當下的勝利，更重要的是為了你的未來。我們承諾將盡我們所能，讓世界見證你的才華。在這條路上，我們彼此的信任是最堅固的基石。我也很榮幸，他們選擇相信我們。」

他熱愛自己的工作，他說自己的心一直屬於校園，從未改變。

如今回想起來，這真是一個願意連續四個月每晚連線的「夢遊者宣言」。

椅子下的空瓶

「在球場上，艾喆喜歡分享球。這並非巧合，因為他私下也是這樣的人。當然，在這個過程中，我們也遇到了許多『特殊經歷』。」

二〇二四年自政大畢業的後衛游艾喆，他的母親楊秀春談起兒子小時候的「曬衣故事」，那是讓他們既困惑、又會心一笑的童年回憶。

艾喆國小時，每天早上會幫家人洗衣服。上學前，同學會自動到家裡來，主動幫艾喆將洗完的衣服，晾掛在家門外的曬衣場，一群孩子有說有笑、完成工作，接著一起去上學。最初，艾喆的媽媽很狐疑，以為是艾喆召集他們來的。後來發現，這些孩子竟是自發來幫忙。或許是因為覺得這個活動很有趣，或者覺得這樣做很有意義，總之，每天早上，家門口總熱鬧非凡，小朋友快樂地曬衣服。

「艾喆從小就有種特質，他不外向，甚至有時非常安靜。他不是那種團體中的小霸王，總是默默為團隊做好很多事，又不張揚。周圍的人看他這麼做，不知為何，也會自發地跟著做，甚至主動幫忙其他人。他就是有一股我們沒發現過的影響力，讓他周圍的人，主動想彼此合作，完成一些目標。」楊秀春回憶。

儘管家人不知背後原因，但只要艾喆在，幾乎什麼事都不需擔心，事情總會在時限前順利完成。艾喆自幼個性隨和，自信與自律兼備，從不是他們需要額外擔心的孩子。

艾喆是在國高中時期，才離開部落北上求學的。國小的他，每天不只曬衣服，放學回家也會主動將家裡的垃圾整理好，等垃圾車來時就拿出去倒，從不用家人提醒。身為家中的老四，在這個習慣叛逆、張揚個性的荷爾蒙時期，艾喆顯現出來的，卻是他的溫和與體貼。他是很為全家著想的孩子，不會總是將自己放在第一位。

聽在從事「團隊籃球」基層教育的人耳中，這特質真是可遇不可求。

大學四年，游艾喆在賽場生涯獲得的榮耀不勝枚舉。對他的父母來說，最難忘懷的卻是二〇二〇年政大雄鷹的召募故事。

政大雄鷹那時是一支剛創立三年的新球隊，極度渴望召募最適合的高中球員。制服組不會只迷信數據，那些無法在技術統計上表現出的內在特質，更是他們看重的。那一年的高中球員名單一字排開，創隊的姜豐年不斷想像著，冠軍賽FMVP游艾喆披上政大雄鷹球衣的樣子。

艾喆的父親游興榮回憶，大多數孩子高中畢業後，對於有意加入的大學球隊，常見的情況是總教練前來拜訪。然而，政大給他們的感受卻完全不同。

「那天，我們原以為只會見到平時電話聯繫的陳子威教練，沒想到姜豐年學長和孫秉宏老師一行人也齊齊到訪。」這種大陣仗的拜訪，在游家人的記憶中，前所未有。他們知道自己的孩子很特別，但沒想到「竟然這麼特別」。

當雄鷹隊制服組踏入東岳部落的那一刻，整個村落都沸騰了。孩子們好奇圍繞著這群來自都市的訪客，這不只是一次簡單的訪問，更像是兩個不同世界間的一次文化交流。部落中的村民全心全意地款待這群「客人」，席間歡聲笑語充滿，互相敬酒。

「他們對我們部落的文化感到既自在又開放。」游興榮說，「即使平時極為忙碌，老師們還特意來訪，這份誠意讓我們深受感動。」這段回憶直到艾喆畢業，仍讓游興榮眼中閃耀光芒。

最讓人感到趣味的是，當時游興榮全程參與這場熱鬧的聚會，卻不知道姜豐年的身分。直到姜豐年離開，他的兄弟才根據模糊的印象告訴他，這位一直帶著微笑的人似乎是曾經的籃球員。因為未曾入選國家隊或參加大型賽事，游家兄弟沒能立即認出他來。隨後是透過網路搜尋，才發現這位在召募過程中，總是保持平靜微笑的，實際上是在企業界有著豐富經驗的籃球紳士。深入了解後，他們知道，姜豐年雖然自己沒有選擇成為職業球員，卻做了許多「籃球人」夢寐以求的事，包括創建球隊、關注國內運動員的培訓與成長。這讓游興榮格外敬佩。

姜豐年在籃球路上的遺憾是從未被選為國手，但他依舊想努力，為台灣找尋下一個能創造驚奇的球員。這時，他在高中賽場上看見了游艾喆。

「如果艾喆將來想挑戰職業舞台，憑藉他的天賦和四年的磨練，他很可能成為代表台灣出賽的一員。在政大，我們會給予他最好的照顧。在訓練上我們也會全力以赴，陪伴他成長為更出色的後衛。」姜豐年當時向游爸爸、游媽媽「掛保證」的語氣溫和，卻透露出堅定不移的決心。

這一切，或許都歸於緣分。雙方是否能「看對眼」，在價值觀、球風、個人未來發展計畫等各個方面成功匹配，都是召募過程中需要細心討論的細節。政大雄鷹陳子威總教練的建隊文化是團隊籃球，他們很早就發現艾喆的球風與政大不謀而合，彷彿生來就是為了這支隊伍。

在政大雄鷹制服組準備離開東澳之際，一位隨行助理輕聲告訴游爸爸：「姜董平時是不喝啤酒的耶。」那時，游爸爸低頭一看，發現姜豐年的椅子下方，靜靜放著四瓶已經空了的啤酒瓶。

無法置信，今天的一切。

「我們的兒子就是那麼特別。」夫妻倆說這句話時，表情依然含蓄而自豪。他們回憶那天，目送著雄鷹制服組的車隊愈開愈遠，最終消失在遠方的路上，兩人心中滿是感激和驕傲。「我們的艾喆，不僅是我們的驕傲，他的好，政大雄鷹也看見了。」

他們邊整理桌子下村民與客人留下的空酒瓶，相望時刻，眼中閃爍著會心的光芒。

而電線桿上見證這一切的麻雀，彷彿也正對著他們微笑。

02 二〇二一UBA冠軍——四年有成

三道難題

「一間多年以升學為主，對優秀運動員本無吸引力的大學，如何招募高中籃球界明日之星？」

「承上題，體保生若願意加入，未來也考慮職業之路，要如何在持續有效提升技術的同時，也讓運動員這個身分，成為生涯的『加持』而非『枷鎖』？」

「若萬事俱備，又要如何吸引原本沒有看比賽習慣的在校生與畢業校友，自發前來看球？」

這三道難題，國立政治大學用四年時間建軍，嘗試了屬於他們的回答。

對政大雄鷹而言，這無疑是一個難忘的球季。不只因為這個結尾，才顯得前面叫值得。而是因為四年前一群懷著信念的人，一邊穿針引線，一邊走上一條無人知曉的路途。

二〇二一年三月廿一日，UBA球季最後一日，我們見證了這條道路的最終風景。一支整軍待發的勁旅，必然知道如何在逆境裡克服劣勢。他們不會只想打順風球。就算落後，依然堅韌。

二〇二〇年十一月廿二日，預賽面對UBA衛冕軍健行科大，政大最多曾落後三十二分。總教練陳子威在中場休息時不斷叮嚀全隊，就算落後再多，不要輕言放棄。最終，八四比八三，這群球員在壓哨當下以一分之差逆轉奪勝。這是政大面對健行科大，破天荒的第一次勝利。

面對籃球強權在開局的大比分碾壓，這群球員仍然彼此打氣，逆風追趕。這場比賽內容，足以預約UBA的經典賽事點名冊。

以預賽有史以來最佳成績——第一名之姿進複賽後，政大再以六勝一負排名第一，嚴陣備戰最後兩場比賽。接下來，轉為單淘汰制的四強戰到冠軍戰，如果全隊十二人想保持爭冠競爭力，已毫無僥倖的容錯空間。

成熟的強隊，就是不論對手擺出怎樣的陣線、打出怎樣的類型，自己還是踏實地一步一步，做好在練習時演練過的每件事，像第一萬次練習那樣。樸實、專注，內心平靜。

載滿全員的巴士，緩緩駛離政大河堤，在接下來四十八小時內，改寫歷史的機會，在每位球員手中。

運動明星誕生地

「提到政大畢業校友，會想到音樂界、金融界、媒體界的人物。但有沒有機會，出一位籃球明星？」用我的話來描述，大概就是這樣。四年前的起心動念，觸發了後來的一切。

謝金河回憶，他和姜豐年在政大九十校慶活動後，突然聊起「校友對母校的捐助方式」，很多企業都捐大樓，冠名公司、捐款人。也有人先捐一筆錢給母校，然後指定用途。謝社長異想天開問姜豐年：「要不要捐一支籃球隊給母校？」他認為，一支球隊的影響力，可以一代一代、生生不息，超越原本政大自己的想像，不再限縮於「學界的一棟建築物」。一支好球隊可能會開啟天眼，帶領眾人看見更多從未想過的運動員，為他們帶來一個又一個全新的選擇。多美的夢。

身為籃球愛好者，想起以前在學期間，用網路瘋狂追看全美第一級NCAA決賽的日子。在瘋狂三月，只要空堂時間許可，就上網亂看一通。美國是籃球運動的輸出國，籃球強權中不乏有念書、研究方面的名校，大一時我就一直有個疑惑：「為什麼身處台灣，我們對運動員的想像如此貧乏？」

我們不斷告訴念書的人，就算你有運動天賦，它也不會是人生的主力，不用刻意再花時間訓練，也無須再摸索、挑戰自己的潛能邊界；同時又告訴運動的人，未來若要走職業運動，現在無須念書，反正以後也用不上這些東西。

真的嗎？這世界如此二分嗎？體育，不該只是台灣傳統思維設定的那樣。

肩膀

政大雄鷹如果真的開張，該如何招募？校務高層會願意支持嗎？

這群心懷夢想的人決定先從幾個系所試試水溫。他們心裡清楚，政大要吸引體保生，唯一的機會就是政大多年升學主義所堆疊的光環。除去這項誘因，還需要付出不少努力，改良現有規則，為球員製造更友善的條件。前校長周行一參與協調後，政大的招牌系所首次開放體保生名額，包括傳播學院、外交系、地政系、民族系與日文系，都在體保生可前往的選擇名單。

過去的思維，運動員常被貼上「頭腦簡單」的標籤，若真能協助他們自政大畢業，未來勢必有更多運動員願意勇敢接受政大遞出的邀請函，迎向挑戰和更多可能的未來。跨出一步，另一個問題隨之而來。

「這間升學為主的學校，如果真的招到體保生，繁重的球隊訓練，與多頭馬車的學期課業，如何真的讓他們的家人願意將孩子託付給教練團？」讀完各種報導，我發現，這個夢想的建築者姜豐年，學生時期主打校隊中鋒，他曾被文化大學「三二」退學。因此政大雄鷹籌備建軍，他直接表明，將特別重視球員的課業輔導。因為「比賽順利、課業斃命」，還是無法對球員家人交代。

除了規劃練球，教練團需要盡最大努力，幫助這些在高中沒有太多時間讀書的體保生，迅速融入政大的生活節奏，適應繁重的課業。特別安排碩士生一對一課後輔導。總監孫秉宏甚至有時會跟著球員一同進教室上課，也藉此與師長交談，讓他們了解這些年輕人平時練球的辛苦。必要時姜豐年會親自拜訪系所師長，協助他們理解這群球員在球隊的身心狀況，扮演溝通橋梁。

為了這支球隊，姜豐年像創業家一般謹慎對待。用他的原話來說：「我答應過球員的父母，只要小孩有心念書，一定會讓他們從政大順利畢業。我很怕對不起他們的託付，球員等於把自己的career投資在政大，這跟我創業的心態一樣，我要對得起股東的投資。」因此，政大幾乎用美國大學名校籃球隊規格籌組雄鷹隊，每個環節都不敢馬虎。

新創團隊的精神體現在這支球隊的方方面面，招募延攬的能力更具備職業球隊思維，在國外尋找好球員，讓想來台灣的外籍生，也願意將政大列入考慮選項。

籃球，不是把每支球隊的得分王全組在一起，就等於可以拿下冠軍。它像一台運作起來極度複雜的機器，每顆齒輪、每圈發條都需要完美配合。因此，球探現場觀賽，彙整球員比賽資料，與球員實際訪談，體系合適度評估，每個環節都細心、準確執行，才會找出最適合現有陣容的人選。招募，好比一間公司的人資部，成敗在一念之間。

籃球也是快速消耗體能的運動，政大雄鷹的體能訓練倚賴科學化的分析與數據；他們有隨隊防護師，賽後為球員進行防護按摩，延長運動員的競技年限。政大的運動場地也逐漸優化，變成讓觀眾能輕鬆近距離接觸運動、觀賽的環境。在山下的體育館，打造了專屬雄鷹球員的貼心休息室。球隊行銷上，甚至簽約了Jordan Brand的衣服贊助。

這支球隊的建立，肩負著許多沉默身影的期待。他們當中有些人，甚至這輩子沒碰過籃球。

十多年下來，政大變了許多。接著，跟許多我們曾見證的故事一樣。當一切部署就定位，耐心與堅持，就是為了等待風起。

影子

籃球賽不是設定一個門檻，哪一隊先達到幾分，比賽就宣告結束，它是相對得分的運動。因此，對方得分後，你要在自己不斷回應的狀況下，才能保持競爭，最終帶走勝利。媒體的鎂光燈、眾人的掌聲，經常在全場得分最高的球員身上。

媒體喜歡得分王，球迷崇拜得分王，是千年不變，歷久不衰的觀察重點。

而比賽的細節，有許多點滴，就算不是得分，其實也值得勾勒。畢業於南山高中，就讀大三的張鎮衙，全場五顆三分球，飆出廿五分，抓下十三個籃板，在政大二〇二一年封王之際，獲選為UBA冠軍賽MVP。

在如雷貫耳的掌聲中，另一個身影在我腦中揮之不去——關於他如何走到這裡的故事。

他的現身，恍若平地一聲雷，正如他後來選擇加入的政大，之於UBA的存在。

疫情肆虐的二〇二〇年，進攻能力優異的後衛田浩，決定挑戰PLG職業聯盟。制服組自己同時需要冷靜思考，未來該怎麼處理雄鷹隊上先發控球後衛這個位置讓出的缺口。觀賽多年，我以為控衛這種場上位置，因為需要大量持球、組織，因而非常講究經驗，甚少讓初出茅廬的菜鳥擔綱。控球火候不夠只想腦衝得分，或是被對方上了貼身大鎖，進退維谷，總是過猶不及的難題。政大雄鷹卻真的讓一位二〇〇二年出生的大一新生，扛下控球後衛這個先發重責。

這位大一新人，只有高三這季的比賽經驗堪稱完整。他身高一八三公分，來自宜蘭南澳、泰雅族，畢業於能仁家商，他叫游艾喆。

珍珠

游艾喆在宜蘭南澳國小時期，認識了籃球隊教練鄭轅緒。鄭教練經常觀察同齡間孩童平時打球的習慣及態度，或是在場上思考的方式。他很早注意到游艾喆是控球有靈性的球員。他和其他孩子一同打球，思考的事卻總是不太一樣。靈性這種事，說來很玄，有些教練習慣用這個詞彙形容球員。璀璨的珍珠，在最開始，都只是一粒砂礫。

國小畢業後，游艾喆就讀的國中被賽制歸類在乙組，少了許多鎂光燈。要不是某年的全國原住民運動會，幾乎不會有眼光投向他。那時他身形仍舊瘦小。離開國中，游艾喆進到籃球殿堂的強權——能仁家商。這段時期，他還是只想默默當好一片綠葉。他認為，能上場打到球，幫到學長就好。李正豪教練卻認為，游艾喆就是太熱愛傳球組織，有時太想跟隊友分享球了，還特別叮嚀他，有時候空檔跑出來，就是需要控衛義不容辭地取分。某些時候，非他不可。因此，他需要練習在得分上更決斷。

一般這種年紀的球員，滿腦子想的經常是投籃，教練會時常叮嚀：「不要腦衝成天只想得分，看看你周圍的隊友。」也因此，游艾喆遇到的勸說，格外顯得有趣。他不是那種一上場就想著要自己出手的球員。他眼中的進攻第一選擇，始終是有更好出手機會的隊友。

李正豪教練坦白，第一次看到游艾喆，印象沒特別深刻，艾喆非常小隻，但發現他的傳球視野非常好。高二球季，游艾喆因腳掌骨裂開刀，受傷休養而沒有上場比賽。那時因為太久沒訓練，他整個人膨脹一圈，至少胖了六公斤，他甚至想過，有可能需要放棄籃球，就算腳傷完全康復，很難再回去成為夠優秀的控球後衛。要不是信仰，加上周圍家人的支持，他也許早就無力回到賽場。

當時能仁家商打進HBL冠軍賽，游艾喆還在休養期間，不能上場的他認真想過：是否要邀請國小接觸籃球的恩人——發現他打球特別聰明的鄭轅緒教練，前來觀賽。鄭教練禮貌回絕了。他溫柔且誠實地告訴游艾喆，若想邀請自己去看比賽，只有一個條件：「我希望你是真的靠你的雙手，把我帶進小巨蛋為你加油。」因為那場冠軍賽，游艾喆仍舊休養不會上場，鄭教練勉勵他，給了他一年後的約定。

我想起，NBA馬刺隊的傳奇教頭Gregg Popovich曾說：「要評判我們是怎樣的人，就看我們對那些未能如願的事，是如何做出反應。」高二休養期間，游艾喆有了更多與自己對話的時間。看著奪冠凱旋的學長，他想著升上高三後的自己。從那一刻開始，他知道自己必須保持前進，明年，才有機會邀鄭教練走進臺北小巨蛋。

找到最後一塊拼圖

學長畢業，各自奔向不同的前程。高三時期，教練囑咐準備接隊長的游艾喆，從零開始學。他需要練習擔任領袖，帶著能仁家商迎戰各方強權。或許是壓力，游艾喆的技術突飛猛進。整個二〇一九年，這支球隊持續茁壯，眾志成城。終於在隔年三月，再次叩關臺北小巨蛋——去年游艾喆留下遺憾的所在。而這次他身負重任——能仁家商籃球隊隊長。

走到這一天，全力拚搏的對手泰山高中也發現，場上如同鬼魅、無所不在的游艾喆，已如同炙熱的豔陽，難以逼視。最後封關戰——HBL總冠軍賽，游艾喆毫不退讓，展現大將之風，他豪取廿一分、十五個籃板、六次助攻，還有六次抄截、六個火鍋。鄭韜緒教練在大螢幕上，想起這位初見時運著球、控球頗有靈性的孩子。游艾喆此刻正面向他，微笑著高舉起最後的MVP獎盃。

一般打出名堂的明星球員，回查他們的高中時期，三年出場都有顯赫經歷。游艾喆與眾不同。他高一入學時，體能還跟不太上學長腳步，高二又因手術缺席。這位蟄伏兩年的控球後衛，將全部火力集中在高三，一次最徹底地爆發。

這樣特別的球員引起了政大雄鷹關注，鄭重向他遞出邀請函。幾經思考，游艾喆回應了政大雄鷹的招募，田浩離隊後，這支球隊正缺有即戰力的控球後衛。來到貓空山腳下，林彥廷、王詠誠兩位能仁學長，格外照顧這位小學弟。雖然走了一位轉戰職業大舞台的明星，能仁學長的任務是儘速讓學弟適應政大體系，協助他當好球隊的先發控衛。

同年加入的大一新生王凱裕，剛升二年級的丁恩迪、林勵、涂亦含，搭配球技臻於成熟的大三學長：李允傑、聶歐瑪、黃子軒、張鎮衙、王振原和曾于豪。而洪楷傑、謝文源已經大四，這是畢業前的最後球季。他們屏息靜氣，等待這位場上指揮官，走進政大雄鷹的練習場館。

預賽開始，驚奇之旅就此啟程。二〇二一年三月結算，這是政大有史以來最佳戰績，獲得了創校以來首次進軍小巨蛋的資格。

四強賽。對手健行科大一字排開，不少是游艾喆在能仁家商時的學長。成長歸來的游艾喆如入無人之境，頻頻撕裂對方防守，大砍廿七分、六次助攻、四次抄截，一舉擺脫糾纏，帶領政大闖進了UBA冠軍賽。

最終戰，當媒體將眼光放在榮膺MVP、全場得分最高的學長張鎮衙身上，掌握全場進攻節奏的游艾喆依舊全能，斬獲十四分、十四次助攻、七個籃板與四次抄截。彷彿為大賽而生的體質。近幾年，不論高中籃壇還是大學殿堂，在臺北小巨蛋舞台上，游艾喆始終表現穩定，不像全隊最菜的場上指揮官。有游艾喆與林彥廷坐鎮、串聯，政大雄鷹在冠軍賽，團隊一共送出廿八次助攻（同場對手世新大學助攻數是十五次）。

除了賽後頒發的新人王，二〇二一年UBA全季，游艾喆以場均六．三次助攻拿下助攻王。以六．一次助攻緊追在後的，正是他在能仁時期的學長谷毛唯嘉。

不只助攻，游艾喆還以場均三次抄截，包攬全季的抄截王。

助攻，需要的是對場上九人走位的解讀；抄截，看的是對球路徑的預先判斷。早期從未被定位成得分砍將的游艾喆，雖身材纖細，外線能力未臻成熟，但理解球流動的思考始終比同齡球員成熟。他向世界證明，他確實是那一顆珍珠。沒有人能夠限制你最終可以走到多遠，只有你自己可以。

美國UCLA的傳奇教頭John Wooden曾經告訴球員：「不要根據你的成就為自己評分，要根據你能力所能達到的成就評斷你自己。」游艾喆的加盟，為政大雄鷹本季的打法下了最貼切的註解——彼此信任、無私，分享的團隊籃球。補上了這塊拼圖，等候四年，政大雄鷹終於振翅上騰，體驗了一趟校史從未瞄準過的航線——全國冠軍。

《聖經》希伯來書一一：一寫道：「信就是所望之事的實底，是未見之事的確據。」

冠軍賽最後的傳統儀式——剪籃網，眾人慫恿球隊催生者姜豐年，一步步爬上梯子，剪下第一刀。這一刻，宣告四年有成。而終點，只是另一場旅程的起點。

03 二〇二二UBA冠軍——最想到達的地方

二〇二二UBA冠軍——政大衛冕成功。最令我觸動的，不只那座冠軍盃榮耀。而是這個賽季，雄鷹背後無聲的故事。

你怎麼可能不愛上學生籃球？

「奪冠一次，靠運氣；完成衛冕，憑實力。」一位以前看NBA的老球友，總如此描述奪冠隊伍。

休季期間，如果球隊老闆很有錢，大可怒撒鈔票，直接網羅市場上最頂尖的選手，開出優渥合約，邀他們來為自己的球隊效力，王朝也許就此始於腳下。但那是職業隊，學生球隊可不是走這套邏輯。

同樣是球隊經營，學生運動經常更純粹，卻也因此更耗時費力。學生籃球靠的是行之有年養成體系的運作。學弟要從前輩身上看見未來的自己，以後穿上這件球衣，上了場，球該怎麼打。

一支球隊是否強大到足以建立王朝，一季行情不一定看得準。如果能多觀察幾年他們的招募、布局、臨陣磨合，確認精神、文化等每一個環節，有沒有眾人齊心，傳承球隊的建軍風格。學生球員如何戰勝未知，攻克自我懷疑，配合球隊角色轉型，成為更好版本的自己，在漫長的球季中，同樣也是學生籃球最迷人的地方。

二〇二一年，成軍四年的政大雄鷹初嘗UBA冠軍滋味。奪冠，只是一切的起點；如何守成，是這支球隊從未歷經的考驗。接下來，這才是衛冕軍的第一個賽季——如果這支球隊的目標不只是「維持男一級」的競爭行列，而是「攻頂完成衛冕」。

遭遇逆境時，如何在場館中央的噪音裡，最短時間內將內心恢復平靜，總是衛冕軍需要練習的功課。

林勵的炸物深夜食堂

二〇二二年UBA八強賽在即，關注過HBL的球迷應該會好奇，松山高中MVP球員林勵那時選擇前往政大報到，幾年過去他過得如何？把他的名字打入搜尋引擎，不難從各種尖酸刻薄的網路評論看出端倪。「曇花一現」、「入錯隊啦」、「跟錯教練啦」、「現在早就已經沒有以前強了啦」，這類論調反覆出現在林勵HBL時期精華影片下方的留言區。

林勵曾是HBL新人王，也是冠軍賽MVP。封王戰那年，高二的他以廿二分、五個籃板、四次助攻及五次抄截的全能數據，在眾人不看好的逆境下突圍，最終幫助松山高中完成二連霸。一轉眼，身高一八二公分的他，在政大已經比高中練就了近八公斤多的肌肉線條，顯得壯碩厚實。但四面八方的酸言酸語不曾客氣，質問曾叱吒風雲的林勵：「嘿MVP，你大學時期的代表作在哪裡？」

二〇二一年，世新大學公廣系寒假轉學名單中，有人意外發現林勵的名字。議論紛紛。同名同姓嗎？不，那確實是林勵本人。截至目前，入學政大後，UBA生涯平均四．九分、二．九次助攻的林勵，經常掙扎於上場時間與球隊定位的角色轉型。松山高中時期，他在球隊屬於二、三號位的搖擺人，來到政大雄鷹，教練希望他開始練習扛一號位，也就是掌握整支球隊節奏的靈魂——控球後衛。這不是林勵接觸籃球就開始打的位置，養成過程裡他吃盡苦頭。在突然倍感壓縮的上場時間裡，他發現自己不太能再像過去同樣揮灑自信。

名單公布了，眼前的抉擇是：林勵，你真的想去世新報到嗎？「這一切很複雜。」其實林勵心底始終念念不忘政大雄鷹這群戰友。他喜歡他們，喜歡政大的相處氛圍，這是轉去其他球隊，不一定能感受到的內在支持。

二十歲的大男孩，終究到了該為自己的人生做出重大決定的年紀了。此刻的他站在十字路口，眼前的一切似乎變得更迷茫。「或許我該主動找教練談談。至少談過心裡話，以後也不會有什麼遺憾了。」

一天林勵練完球，掏出錢包買了五百多元的炸物，帶去陳子威總教練的家，相約深聊。兩人應該原先都沒有預期，那晚一聊就是四小時。林勵笑著回想，以前跟子威教練的相處，有點像談戀愛的情侶，不斷猜測對方怎麼想自己；想法一堆，實際見面又總是有口難言。

「真的很想知道威哥在想什麼，為什麼我沒辦法上場。」那晚，子威教練告訴林勵：「我不會侷限你。在我的認知裡，伴隨一位球員走得長久、走得遠，最重要的是球員的心態。」這也許是林勵入隊至今，跟教練最深的一次談話。

「大方向要跟著球隊的模式，我再從中去延伸表現自己。」走出教練家。林勵不斷思考、默念著教練的提醒。世新大學報到期限將至，世新人引頸期盼，沒有等到林勵的身影。煎熬的十字路口，林勵最終還是選擇政大雄鷹——

面對那一年來到這裡的自己。

牙關

「如果你現在放棄，比賽就結束了。」——井上雄彥，《灌籃高手》

台中水利大樓街頭籃球出身的台灣球員王信凱，曾提到自己的心路歷程。他相信：「籃球場，是留給不放棄的人的。」

二〇二二年，夜空滿滿的跨年煙火。雄鷹依舊晨練晚訓，不懈備戰。新學期，林勵已是大三生。一月底雖然少了傷兵先發中鋒丁恩迪，政大仍順利打完第三階段的預賽。十三勝一敗的總成績，以頭號種子之姿，移師臺大體育館備戰八強。而考驗團隊的魔王關，才準備到來。

當政大雄鷹順利以二連勝之姿打開八強賽大門，二月廿七日，同一場賽事連兩個噩耗震驚了現場觀眾。對決上屆亞軍世新大學的過程，大二先發控衛游艾喆，在第二節末端意外碰撞形成腦震盪，傷況未知，先行離場。

屋漏偏逢連夜雨。同場比賽第三節打到接近一半，一次回防，頂替外籍生丁恩迪打完十多場比賽的先發中鋒歐力士，突然腳傷倒地。他嘗試一跛一跛走出禁區，原地趴下，疼痛不已。隊友見狀，全部從板凳席跑出來，焦急將他團團圍住，抬回板凳區。戰況依然膠著，隊友頓失場上指揮官。低氣壓籠罩。

「林勵，準備好了嗎？」

陳子威教練喊出暫停，示意林勵前往中間的記錄台。林勵突然意識到，自己即將臨危受命扛下控球大任，繼續串聯下半場的全隊攻勢。同時，可能還要做最壞打算——這場比賽，甚至整個八強系列賽，游艾喆也許無法再回到球隊。要靠他這位非傳統控球，肩扛一號位全力打滿每場比賽，直到八強賽的最後一分鐘。

回首自己的球員生涯，不斷被各個當代耀眼的本土後衛明星比較，從松山高中高國豪，到政大小自己一屆的游艾喆。比高中時期更壯碩的林勵，依舊苦練、實幹，只是這條從搖擺人轉型改打控衛的道路，比想像中崎嶇蜿蜒。尤其入學政大這三年，他時常倍感挫折，懷疑是不是下錯決定。

同隊後衛林彥廷，現在已是雄鷹隊長。兩人在後衛之路上彼此扶持、穩健成長。彥廷時常跟他私下交流自己之前如何面對轉型，融入球隊攻勢。

大專以上、甚至進職業隊的陣容，三號位的平均身高基本要求，經常是一九〇公分起跳。若林勵要繼續能在殘酷叢林生存，身高一八二的他，需要點出控球的技能樹，成為更好的地板指揮官，才有辦法直面競爭。但，角色轉型之路，經常是漫長、折磨人的，有時還不保證立刻見效。球隊知道，林勵更需要隊友支持，陪伴他撐過這些孤獨且挫敗的時光。

有時林勵練球完畢，會跟已從政大畢業、順利加入職業隊的學長洪楷傑，截圖網民的酸言酸語，玩笑似地傳給對方看，彼此打氣。那些在林勵高中時期精華影片下方留言區的每字每句，嘲諷聲聲入耳。令人難堪的口氣與用字，看久了，應該也已可以學得活靈活現了。但，身為雄鷹一員的他們心知肚明，運動員此生最難對付的敵人往往是自己。

「伴隨一位球員走得長久、走得遠，最重要的是球員的心態。」像回到一年前，與教練對談的炸物食堂。「林勵，準備好了嗎？」一道閃電劃過他的腦門，回神。子威教練正站在他面前，手持戰術板，靜靜地望著他。

「政治大學請求暫停換人。」「五號後衛林勵，登錄完畢。」

林勵登場。此刻他的瞳孔，只容納得下明亮的球場。奔跑中對位盯人防守的世新後衛，亦步亦趨。汗滴滑過林勵的眉梢，他聽見自己倍速放大的心跳聲。

他的餘光掃過跑出空檔的凱裕，助攻。他看見準備向底角衝刺的鎮衙，正準備舉手要球，助攻。長人如林，走位夾縫之間，他極盡所能將每一球，如同電流一般疾速傳到他們面前。

比賽終了。林勵一分未得，全力專注在隊友跑位。紀錄台顯示，今晚他傳出七次助攻。七八比六五，政大擊敗世新，收下勝果，拉出三連勝。子威教練在賽後專訪中說，這場可以拿下來，他最想感謝的球員，就是林勵。

休兵一天後，當確認丁恩迪、游艾喆、歐力士等三人短期內無法再回場上，球隊退無可退，急需找出新的贏球方程式。從三月一日對決義守大學開始，排出全新先發陣容：林勵、林彥廷、王凱裕、涂亦含、張鎮衙，面對剩下的八強賽事。

正式扛下先發控衛的林勵咬緊牙上台，不負眾望，延續火力，再次傳出八次助攻。教練決定放手一搏，讓這個新成軍的先發組合，往後接連挑戰萬能科大、健行科大。這段期間，林勵甚至傳出單場平均八．二次助攻的高水準數據。

「該組織的時候組織，該果決的時候果決。不要怕，背後有一群隊友支持你。」心底的聲音在林勵每次奔跑回防的時候，不斷迴響。

更好的我們

三月三日是對決健行科大的日子。兩隊是過去幾年小巨蛋對戰勁旅，賽前媒體以「冠軍前哨戰」預告這個組合。

今年準備畢業的大四前鋒張鎮衙，同位置的健行競爭者是比上季戰力更全面升級的前鋒陳范柏彥。陳子威教練帶了鎮衙四年，賽前刻意刺激他，挑戰同屆大四的陳范柏彥，角逐當屆「最佳前鋒」。為大四的自己，即將離開大學賽事舞台的這一刻，畫下個人的新句點。

鎮衙給教練的回應，意外令他觸動。鎮衙堅定地說：「教練，頭銜對我來說不重要，我希望我在的團隊是『最佳團隊』。」

面對預賽時期迫使政大吞敗的高牆健行科大，這場「頭號種子」最終排名決定戰，政大靠團隊積極鞏固禁區，兩隊的總籃板數，出現六一比三二的巨大落差。但團隊失誤這項，經驗老到的健行科大節制地控制在十一次，反觀跌跌撞撞的政大，全場失誤有廿三次，導致下半場戰局膠著。

最後兩分鐘決勝期。雙方一來一往。每回攻防，現場觀眾的鼓譟幾乎直掀體育館屋頂。第四節剩一分五十一秒，健行前鋒陳范柏彥切入禁區，對抗單打已背負四犯的政大前鋒涂亦含，球未放進。

七四：七二，政大領先。

第四節剩一分廿九秒，政大後衛林彥廷三分出手未進，自投自搶，禁區擦板，放進兩分。

七六：七二，政大領先。

第四節剩一分十七秒，健行後衛高錦瑋中距離跳投，球沒進。

七六：七二，政大領先。

第四節剩一分零一秒，政大前鋒張鎮衙接獲後衛林勵妙傳，三分線起跳。

一箭穿心。

七九：七二，政大領先。

第四節剩五十秒，健行後衛高承恩三分跳投，進球。

七九：七五，政大領先。差距剩四分。

第四節剩四十五秒，健行前鋒劉丞勳接到谷毛唯嘉的抄截球，準備直接衝擊籃框。

不料，籃下放槍。政大後衛林彥廷跑上前，死命抓下籃板。懊惱的健行科大，趕緊執行犯規戰術凍結時間。四分差，勝負看似底定。接下來考驗政大球員罰球穩定度的時候，過關。

終場八四比七五，政大擊敗健行，在預賽賞給政大一敗的那堵高牆。

人手不太夠的政大，七人帳面有得分紀錄。前鋒張鎮衙砍下十七分、十三個籃板，後衛林彥廷多次硬扛禁區，砍下廿二分、十個籃板，而先發控衛林勵維持全隊攻守運作，甚至不只指揮跑位，還多次在健行後衛群殺進殺出，全場斬獲十二分、十次助攻。這段期間他完成球隊賦予的任務，堪稱UBA時期個人里程碑。

在逆境中，一群人若想一起到達某個地方，放下自我，是每位成員必經的功課。

預賽期間還不敢完全放開來打的莊朝勝、李允傑、黃子軒等，在這段球隊已無路可退的時刻承接重擔，狂放三分冷箭、有裡有外、得分籃板雙十，接連各自打出了本季在UBA的代表作。這個隊長林彥廷與林勵的新後場組合，讓政大在八強戰的平均單場團隊助攻次數、團隊籃板，依舊超水準演出。考驗愈大，以王凱裕、張鎮衙、涂亦含等為輪替的政大前鋒群，也打得愈無私。儘管原先的主力陣容遭遇顛簸，但雄鷹靠著對團隊的堅定信念，在風暴中挺直身子。

超越去年的自己

「如果某幾位球員總是可以拿到非常優異的攻守數據，但球隊卻一直輸球，這是不是他們期待的結果？」子威教練多次在專訪說，他特別挑戰年輕球員思考：「到底是你個人成就團隊，還是團隊成就個人？」

攤開二〇二二年UBA聯盟的平均得分排行榜，會發現前十名找不到任何政大球員。這支球隊的得分點太廣。在場上，誰該得分？不是所謂的「主將」，而是此時此刻，場上站位、傳球時機最好的那一位球員，讓他得分。回歸「籃球基本教義派」的老式打法，場上五人同時變身利刃，對手放掉任何一位，都可能付上慘痛代價。用頭腦打球的團隊背後，是教練團多年努力的痕跡——創造最適合這批球員的攻守體系。

合理的進攻，不鬆懈的防守。政大雄鷹成為全聯盟最會得分，同時也最懂得如何壓制對手得分的隊伍。不論教練放誰在場上，那五位球員就是保持串聯，樸實地按照球隊的風格進攻、防守，打出「本季UBA最佳團隊籃球」這塊金字招牌的極致。

二月廿七日開始，年輕的雄鷹終於體認到：冠軍球隊的其中一項特質，就是在逆風之中，始終彼此相信，保持前進。這支傷了三位先發球員的隊伍，接連在兩周內，迎戰臺師大、國體大、世新大學、義守大學、萬能科大、健行科大與臺藝大。走過高山，行過低谷，這群戰友終於切實明白，全隊上下每一個人，都至關重要。

五年前，從未被高中優秀運動員優先視為「生涯選項」的政治大學，二〇二二年拚盡全力，校史首次以八強賽七連勝全勝之姿，鎖定最後決賽。克服傷兵潮的雄鷹再次齊心集結，攻蛋四強。走過八強賽，他們比之前的自己，心志更堅韌。

當事情發展不如預期，不妨閉上眼，讓心重新恢復清澈，「直到我們看見，最想到達的地方。」

前哨戰

二〇二二UBA冠軍，獎落誰家？用一個周末揭曉。球季倒數時刻，只剩最後兩場賽事。四強賽政治大學對決萬能科大。

開賽政大遭遇進攻亂流。甫傷癒復出的丁恩迪、游艾喆，還無法回復百分百的戰鬥狀態，打得吃力。面對有備而來的萬能科大，開賽前十分鐘，政大無法打出自己擅長的風格：鎮衙迅速跌入犯規麻煩，艾喆無法有效組織串聯球隊攻勢，掉球、把球傳出場，全場共賠上七次失誤。人手不足的狀況下，金字招牌的團隊防守，多次溝通失靈，讓萬能科大輕鬆開後門，寫意取分，

從板凳出發的莊朝勝、林勵一上場即刻展現破壞力。外線、切入樣樣來，幫助雄鷹打開僵局，對萬能科大形成防守麻煩。一開局在三分線打得有點悶的王凱裕，在蜂鳴器響起時，全場貢獻兩次三分buzz-beater，堪稱亮點。

第三節開始政大逐漸擺脫拉鋸。比賽終了，六人得分上雙。林彥廷十三

分、十三個籃板、三次助攻，開機慢熱但逐漸步上軌道的游艾喆，拿下十二分、十次助攻。

九分之差，政治大學獲勝，再度叩關冠軍賽。

晚間另一個四強賽組合，世新大學擊敗健行科大。去年世新在男籃冠軍賽逐冠失利，一心準備在同樣對手政治大學面前，上演復仇，挑戰同屆男女籃雙冠——這個歷史上從未發生的紀錄。面對強勢主打禁區的世新球風，政大球員該如何打贏這場與巨人之間的戰役？

在剛結束這場與萬能科大對戰的比賽中，政治大學的三分命中率僅二五%。如果要跨過世新這座高山，必須要有更好的表現。甚至需要比過去所有比賽更超水準的三分精準度，才有機會打敗巨人陣。

在四強賽驚險過關的政治大學已經沒有時間害怕。終於走到這一步，上了場，就別讓自己後悔。

最後一場球

在政大雄鷹打球，防守基本功就是比賽的基礎。每位球員，不論高中時的名氣、能力，進來這裡，都一樣從頭練起。上千次、上萬次的橫移練習，預判對手的傳球路徑，誰斷球、誰擋人，誰跑在前面製造對方犯規，誰做大拖車終結者，就算是防守回合，政大依然像一台精細運作的機器，隨時只要一有人抄截成功，發動快攻，他們衝擊籃框，鮮少失手。

不難想像，跟政大交手，是場體力、心肺、專注力的全方位考驗。這一季，政大靠整個團隊，打造出令人窒息的銅牆鐵壁。他們不信仰個人單幹能力，而是選擇相信站在自己背後的隊友，盡力守好每一道防線。

比賽正式開打。

世新禁區的優勢，幾乎被雄鷹小將撲面而來的三分雨轟垮，以接近四〇%的命中率（三三中十三）從一開始就進入壓制狀態。在八強賽後半段，逐漸打出自信的大一後衛莊朝勝，進入小巨蛋，更展現殺手本色。面對這種等級的射手，世新陷入兩難，守也不是，不守也不是。

最後獲頒冠軍賽MVP的王凱裕，共轟出五記三分彈，包括一次隊友抄截後，漂亮的快攻爆扣，砍下廿二分。不斷製造世新後場壓力的先發控衛游艾喆，最後傳出破本球季紀錄的十八次助攻（個人本季單場平均七．九次助攻）。

記錄台顯示，世新大學團隊總籃板數，以五〇比三二勝過政治大學，但全場發生廿二次失誤。而政治大學的團隊總抄截數（十四比八）與助攻數（廿五比十二），上到接近對手的兩倍之多。

「不能讓剛回來的恩迪再受傷了。」政大雄鷹的每位球員各司其職，讓球保持流動。這四十分鐘，他們完全克服了身高、體型的劣勢，用速度、外線，與靈活的攻守轉換，打出了一場極具政大球風的比賽。第四節，比賽終了。七四比六五。

二〇二二UBA冠軍，政治大學，順利衛冕。

優秀，還是偉大？

建立一支籃球隊，政治大學究竟想要做什麼？只是找一群球員，不斷贏得比賽嗎？奪冠，然後衛冕，接著挑戰三連霸，生生不息，僅止於此嗎？還是背後有什麼更遠大的目標？

實在湊巧，在三月二十日冠軍賽這天，美國的NCAA出現一則引發討論的話題，完全洗版籃球界。第八種子的北卡大學爆冷打敗了第一種子的貝勒大學。一位長期關注運動的作者，開啟討論：「一個籃球強權學校設定的目標，應該是生產出優秀球員，還是偉大的球員？」

選擇一間大學就讀，如果只是為了打籃球，然後贏得冠軍，過程完全拋棄教育、人格養成、團隊觀念建立，也許是條極為輕省、容易的道路。但長遠來看，一個運動員，能不能在漫長的職涯，懂得自律，懂得團隊合作，在最榮耀、富有的時刻，不過度揮霍；處在最艱困的時候，有辦法拉自己一把，挺過低潮。走入關係，走入婚姻，走入晚年，不只把自己的生活過得豐富滿滿，同時在職業舞台上獲得榮譽與成就，這一切，扣除無法改變的「命運」二字，影響最全面、深遠，最重要的，應該還是「教育」。

不論是怎樣的運動，一場體育競賽，其實就像是我們真實人生的寫照。

有可能你總是在賽前非常努力，但是在比賽的時刻表現不盡理想；反之，也有可能你一直不是個夠努力的人，但是在賽場上，獲得了幾次僥倖的機會，帶走勝利。當蜂鳴器響起，比賽宣布結束時，會有一份成績遞到你面前，告訴你這段時間努力的成果。不論過程有多痛苦，或是有多得意洋洋，比賽結束，一切都會結束。這就像是我們用最短的時間體驗、模擬「生命的過程」。

要不要走向職業，純屬天賦、機運與個人選擇。不變的是，賽後走出場館，你必定還有一個「真實人生」要面對。可能是家庭，也可能是現實的生活考驗。因此，你必須是一位對於「如何經營人生」這件事，極度專業、有想法、有武器，也有一套不輕易受撼動，足夠完備的價值體系的人。

我默默觀察，發現政治大學從招募，直到球季開始的練兵到休季的移地訓練，都不只是為了「取勝」這麼單一的目標。為了勝利，你會不會變得不擇手段？或是，你會不會教導你的球員，成為「只問結果不問過程」的人？如果一切都是為了教育與人格養成，有些事情，遠比「打贏比賽」更重要。因為，你可以贏了比賽，卻輸掉對手的尊敬，甚至賠上自己往後的人生。

教育的本質，應該要讓你成為一個「更好的人」。

或許，正因為此路艱辛，政治大學才選擇堅守此路。雖然早已體悟在這個主張「個人英雄」的獨善世代中，團隊籃球似乎已經不再是年輕運動員眼中這麼迷人的優先選項，而有一群心懷裡想的人，依然堅持這麼做。

相信總有一天，這些沉默的播種，在台灣的體育界會被看見、被了解。而政大雄鷹招募的每一位球員，也會成為這個理念的成功範例，活成他們自己想要的樣子。充實，有成長，雖然人生充滿起伏，但同時有能力體驗幸福。

政大雄鷹這一路教會我的事，也許，比籃球更多。

04 二〇二三UBA冠軍——應許之地

二〇二三UBA冠軍——政治大學，三連霸達成。

三月廿六日，臺北小巨蛋的空中拋下了藍色彩帶。這個賽季雄鷹經歷的高山與低谷，像一部沒看到最完結、永遠猜不到結尾的電影。上帝寫劇本，沒人能事先偷看一眼。UBA近十年，首支三連霸隊伍，今夜誕生。

勇氣並不是不害怕。而是認知到，你即將做的這個決定，比害怕更重要。

——俗諺

「真的要去政治大學？」「對。」高三的林彥廷即將畢業，似乎打算做出一個「過往沒人做過的決定」。「政大沒有體育系唷！」「你真的要用功念書喔？」

「政大又沒有拿過冠軍！」

「這球隊才剛成立，是能有什麼冠軍？」「對啦，去健行啦。老隊友都在那邊，適應的成本最低。」「到政大那種學校打球，你說不定這輩子一個冠軍都拿不到，甚至連畢業都無法。」

聲音很多，林彥廷不發一語。有句話，他只想默默對自己說：「我想成為比現在更好的運動員。」

比賽結果取決於誰？

台灣UBA決賽的時間也是美國NCAA名聞遐邇的三月瘋。全國球迷一同狂熱大學籃球的時期，隔著太平洋遙相呼應。

二〇二三年三月十七日，美國NCAA東區第一輪，第十六種子的FDU對決分區第一種子Purdue。過去這種組合的勝負差，歷史統計顯示，低順位種子在過去一五一場比賽，以一勝一五〇敗作收。但FDU的教練卻不這麼想。他告訴球員，只要按照正確的打法，就有辦法擊敗對手。

真如FDU教練所言，他們以六三比五八讓分區頭號種子徹底翻船，打包回家。團隊戰力在本場比賽後威震八方。

球是圓的，乍聽像句廢話，但背後真正的意思是：身為球員，你必須保持謙卑。因為你永遠不知道，今晚，籃球之神是不是跟你站在同一側。身為不被看好的隊伍，不論過程遭遇任何艱難，絕不能失去鬥志。信任彼此的團隊，才足以盼到勝利之神的媚眼。

不變的終點

政大雄鷹誕生後某一天，創辦人姜豐年將一本書交給總教練陳子威：「找時間讀一下這本書。」封面印著「關於領導：伍登教練一生的精華總結。（台譯：《團隊，從傳球開始》）

本書主要作者約翰．伍登（John Wooden），何許人也？他是美國加州大學洛杉磯分校（UCLA）的傳奇教練，二〇一〇年以高齡九十九歲辭世。他的執教生涯有幾項非常恐怖的紀錄，最讓球迷津津樂道：十二年內奪下十次NCAA全國冠軍。還有幾項洋洋灑灑的紀錄，全國冠軍七連霸、跨季八十八連勝、全國冠軍巡迴賽三十八連勝、在十四個球季中打進十二次最後四強；還有最令人聞風喪膽的：UCLA曾經創下四個「全勝封王」的「零敗」球季。

伍登在書中一個球場戰術都沒講，他講的是自己整個人生的「總體戰略」。書裡諄諄教誨，不厭其煩強調的每個細節，只有關於態度、關於領導、關於球隊經營者高度壓力下的思維方式。選入NBA名人堂的「天鉤」賈霸，曾經是他的子弟兵，在書中也談了這位大學時期恩師：「他的執教方式是非常冷靜的，他說強烈的情緒是沒必要的額外負擔。伍登教練認為，如果你帶著各式各樣的情緒去打球，你會變得很脆弱。『你給我上場去宰了那些傢伙！』伍登教練在賽前從不說這種話激勵我們。」

這段話令我感到親切又熟悉，這是我長年觀察政大雄鷹教練團發現的共同點。書裡，伍登自述：「我從來不給球員贏球的壓力。我給的壓力都是要求他們付出百分百的努力，好企及個人能力的最高水平。只要你能管好自己，發揮百分百或接近滿分的實力，勝利自會到手。」

伍登教練的爸爸很早就讓他記得這件事：比贏球更重要的競賽，是在自己的心裡。那就是我們為了「成就最好的自己」所付出的掙扎和努力。翻到這頁，突然靈光一閃，想明白了一件事。

幾年前當政大雄鷹創立，姜豐年最終想打造出的那支球隊，也許，是當有一天從這邊畢業了快二十年的校友，就算日後從事的工作不是職業籃球，也會告訴讀者一模一樣的故事：「是的，我隨時全力以赴。因為政大雄鷹那四年，已經讓我知道如何面對籃球以外的人生。」

「彥廷是很特別的球員。選他在大三那一年擔任隊長，主要是因為一個特質，我觀察了很久，大家都很喜歡他，他總是樂意為球隊奉獻。」總教練陳子威這樣談林彥廷：「需要他控球他就控球；人手不夠，需要他抓籃板，他就衝進去跟對方那些大個子拚命，幫外面的隊友創造更多攻擊機會。他不貪功、好相處，平時更努力精進自己。這群球員自然認可彥廷，也願意被彥廷帶領。」

「我想，他一直很知道該怎麼幫助球隊裡的每位夥伴，成為更好的自己。」

倒數二十日：互信的考驗

二〇二三年三月四日晚間，運動媒體瘋傳：尋求三連霸的政大雄鷹，不只前一天，中止了跨季三十五連勝，甚至此刻更迎來許久不見的二連敗。這支球隊風光了整個預賽，但在這個與健行科大、世新大學，並列所謂「三強鼎立」的賽季，八強賽最後兩天，政大卻接連以九四比一〇〇、七三比八四失利，只能以第三種子晉級。

連續輸球對士氣無疑是記重擊。教練團卻認為，輸球不是壞事，而是「成長的必要養分」。

周末，今年剛來到政大的大一新生莫巴耶（Big Mo）反覆看了那兩場慘輸的比賽，至少十次。他不解，球隊明明有準備，最後是如何丟掉機會。他耐心一一記下每波攻防裡，自己沒做好的事。

「喔，你想找全部球員一起開會？」「是的教練。我看到很多問題，希望跟大家公開討論。」外向的Mo想促成這次球員內部會議。

「大家已經夠成熟了。很多事，不如讓他們自己內部開會溝通解決。」教練們發現彼此有共識，便決定這樣做。

孫秉宏想了想，決定待在現場，幫第一年來到台灣的Mo擔任翻譯，也看看球員討論的各自反應，有沒有什麼幫得上忙的地方。「我們相信，球員能夠自己做好這件事。」

恐懼的總和

那天體育館的閉門會議，幾位三分射手特別緊張。因為整個八強賽期間，雖然沒有明說，他們一直陷入深深自責，關於拿到隊友傳球，就算空檔還是一直投不進這件事。就算隊友沒有責怪，媒體也一講再講。

「先說，這不是批鬥大會，我們不用抓戰犯。我只是覺得我們應該好好討論，為什麼最後那兩場比賽，我們沒辦法像以往好好發揮，打出我們自己的球風。」

Mo先一一盤點了自己在賽場上沒做好的地方。他用很健康的心態，面對自己不足的地方，也期待隊友正面告訴他該怎麼做會更好。

這一季首次接下隊長的大三生游艾喆，場上總習慣用行動表示對於團隊的支持。這一晚，他也選擇在團隊面前坦承自己的脆弱。「有件事，我覺得自己一直沒做好，想向大家說聲對不起。」眾人將目光移向艾喆。「我覺得你們一直非常信任我，很多場上狀況，仰賴我的判斷。甚至當我好幾次下意識叫到完全同樣的戰術，儘管對手站位並不適合這樣打，你們依然想配合我。」

「但其實，你們應該直接點醒我，不要這樣打。」

細微的聲音響起：「艾喆，其實好幾次，當你看到我們退防，只要你覺得時間是對的，可以自己主動跳出來。」另一端呼應：「對。因為你如果直接開始進攻，對方不一定來得及準備。」「他們太知道你是一直願意分享球的人，所以不把你持球當成威脅。但很多得分技巧，你私下都有練，這時候應該直接搬出來。我們也許就會擺脫他們了。」艾喆點點頭，遲遲沒回話，看似還在思考著隊友的叮嚀。

隊上的三分射手，也開始鼓起勇氣發言：「其實，在遭遇針對防守的時候，我經常感覺麻煩大了。只擋一次，我沒有被做出有效空檔。最後不少次只能勉強出手。」大個子球員舉手提問：「等等，那你應該示意我，再跑出來幫你擋一次啊！」空氣再次凝結。「我知道。但是……我不敢講。」「我明明可以再跑一次啊。難道你沒有這個需求嗎？」「不是。是因為之前發生這種狀況……最後……。」「最後……沒進？」

「最後……沒進……。」突然發現，要說出口，需要勇氣。「沒進，但我們還是贏了。」眾人開始點頭，終於，有直截了當的聲音，勇敢指出了這隻「躲在房間裡的大象」。跨季連勝，預賽全勝，八強賽再連贏五場。每次政大贏球，其實對球員、教練團都是一種隱形壓力。只是看何時整個團隊會承受不住重量，一次崩盤。

當政大還不是一級勁旅時，從未體驗過這種漫長的連勝壓力。當紀錄愈往後推，媒體愈常討論「政大今年是否可以全勝封王」。每當球員陷入僵局時，他們也察覺到自己開始無法平靜、正常發揮。投出的每一顆三分像是保齡球。站上的每次罰球線更有如擲鉛球。這些空檔，不知從何時，不再輕盈，不再自如揮灑。這種不舒適，最終拖垮了他們。而作為一位運動員，能夠與這種壓力並存，是需要練習平衡的。

有時候，走出休息室的各種關心，也是一種壓力。「那個誰誰誰，有沒有怎麼樣，明天可不可以上場？」「你們一定要打贏某某某喔。一定要！」

如果只定睛在勝負、比數，只是患得患失，舉步維艱。當媒體詢問，再贏下這一場，你們就要創紀錄了，邁向多少連勝了。全隊只想聽好話，只想好的事情，愈來愈難單單專注在那顆籃球上。「我們確實有某個地方鬆掉了。」

俗話說，球隊最怕的就是「贏球治百病」。如果在贏得勝利的時候，教練不客氣，嚴肅地指出問題，球員還不一定真的想聽進去，因為僥倖的心態，讓球員開始迷信「用原本的方式這樣打還是會贏」。偏偏事實也恰好證明，確實贏過。直到八強賽最後兩場，這個天秤終於扛不住了；失衡，大水漫進，兵敗如山倒。

這個賽季，另外兩支勁旅針對政大雄鷹的弱點，非常有效直戳、猛踩痛處。可以說，所有攻守、擺陣、場上溝通，政大雄鷹這個球季，長久無法解決的「最不利因子」，全部在這兩場發生。輸過，你才有機會發現問題，嘗試去彌補、修正，進而蛻變成更好的團隊。

球員這樣開會，輪流說出自己的內心話。孫秉宏原本不確定會不會完全沒有人願意發言，結果幾乎每一位球員都開口了。一路講到快晚上十二時，大家才終於各自分散，回去宿舍。

輸球不是世界末日。當一切歸零，我們終於知道如何面對鏡中的自己。

低谷裡的雪花

球員的例行訓練依然沒有停止，這次他們專注在過去那兩場沒做好的基本細節。他們來回奔跑，不斷投籃，不斷反覆演練小組搭配。和隊友一一溝通後，球員再次找回了曾經的士氣。

高中時期纖瘦的彥廷，能仁畢業後獨排眾議選擇就讀政大。此刻精壯的他，已然是大四學長了。

政大雄鷹球員間沒有學長學弟制，大家彼此尊重，平等相待，如此創隊文化，就是為了杜絕老鳥欺負新人的問題。大四，一般是球員心智、技術各方面都最成熟的年紀。教練團期許他們，上了場，要一直將團隊放在第一位，而不是動用學長的地位，無限要求開火權。團隊是這群人最念茲在茲的名詞，這是政大雄鷹的陽光、空氣、水。

林勵、涂亦含也是大四生，都即將面對大學生涯的最後兩場比賽，接著投入另一段新旅程。這剩下的最後二十天，他們要超越的對象是八強賽的那支政大雄鷹；他們必須蛻變，拿出最好的自己，才有機會不帶著一絲遺憾離場。

重來的力量

三月廿五日終於到來。賽前這個組合就備受關注——去年冠軍與亞軍。在小巨蛋的第一回合，兩校就得先分高下，只有贏家可以晉級冠軍戰。

二十多天前大受打擊的政大雄鷹，必須超越第三種子的既定想像，在四強賽就精銳盡出，才有機會在周日晚間登場。預賽對戰時，世新沒有啟用最招牌的「雙生配」，八強賽，政大板凳上也放了休養的莫巴耶。這次小巨蛋的交戰，算是兩軍對壘首次有機會用現階段最完整的陣容對打，直面對決。

游艾喆十六分、十五個籃板、十一次助攻、四次抄截，拿下「大三元」。最恐怖的是，在如此高張力，盯人、壓迫樣樣來的關鍵賽事，全場零失誤。他做到之前的承諾，百分百專注——在他上場三十四分鐘裡的每一分鐘。

即將畢業的林彥廷拿下全隊次高的十五分，另外附帶四個籃板、一次助攻、二次抄截。莫巴耶十四分、十五個籃板、五個火鍋、一次抄截。板凳出發的射手李允傑，挹注十一分，為低迷好一段時間的政大外線，增添了必要威脅。

政大雄鷹在八強賽沒有做到位的防守強度，這一晚有顯著改善，重新擦亮招牌。世新在預賽、八強賽，始終是籃板宰制力堅強的球隊，這一晚卻被政大攻破防線，籃板數五五比三九落後。下半場更因體力耗損嚴重，提早繳械，無力追趕。

比賽結束，七〇比五二，政大勝出。看一看時間，接近晚上十時。倒數不到廿四小時，政大雄鷹即將迎戰的是傍晚前就寫意完賽，整整多出近六小時休息時間的本季第一種子——健行科大。

林彥廷的「畢業賽」

對比上季，政大雄鷹在外圍少了擔當前鋒張鎮衙（二〇二二年PLG聯盟選秀狀元，桃園領航猿球員），這幾乎是單場平均三顆三分球、接近得分十分的一大威脅。政大雄鷹開始進入「後張鎮衙時代」。

八強賽裡，球隊為了找尋補上這塊缺口的穩定輸出，經常陷入掙扎。以前，遭遇拉鋸戰，鎮衙的三分火砲總能在關鍵時刻跳出來，幫助球隊擺脫糾纏。這是學生運動的限制，卻也是魅力所在，過了一個球季，一切從頭再來；年復一年，不得停止。

這個賽季後，政大雄鷹勢必也要面對「後林彥廷時代」，這位最老練、願意為球隊變身成各種角色的後衛即將離開。

冠軍賽即將開打，林彥廷知道，同樣大四、在健行的能仁家商老隊友丁冠皓、高錦瑋，也絕對會在另一邊拚盡全力，鎖住勝利。今晚不論是三分、禁區，還是拚搶籃板，只要他能做到，他就必須做到極致。

從二〇一八年到二〇二三年近五季，兩隊交手戰績，健行以六勝五敗壓過政大。其中也包括二十天前，中斷連勝的八強賽「第一敗」；健行科大也始終是政大球迷心裡不時仰望的那一堵牆，同時是政大跨季三十五連勝的「起點」，也是「終點」。

比賽開始。三比零，健行砍進全場第一顆三分球。想起八強賽的那幾場敗戰，好像也是這樣揭開序幕的。

第一節開打才七十多秒，前一天繳出十五分、四個籃板的林彥廷，卻在一次快攻時倒地。他痛苦地坐在油漆區，無法用自己的力氣站起來。他望著天空掙扎了幾秒，嘗試感受自己發疼的部位。確定了，左腳使不上力。這一場，提前畢業。

板凳區的球隊夥伴湧上來，一左一右攙扶，將他帶到場下。比賽仍要繼續進行，只是現在政大的懸念再增添變數：戰力已然吃緊，再下場一位成熟的大四後衛。子威教練趕忙示意大一後衛宋昕澔，準備接替上場。

球季的最後一場球，沒人預料到會是這種開局。生氣與悲傷，有時是同義詞。彥廷只感到深深的悲傷，對眼前的一切感到無力。「彥廷，現在這樣可以嗎？」一邊包紮的防護師廖期新問，「有愈來愈好，但就是不到可以動的程度。」「好，你還是先坐著休息。」

滿盈的淚，在彥廷眼眶裡打轉。

「我該做的是相信隊友可以拿下冠軍，為政大創造歷史，送給球迷最棒的禮物。」千頭萬緒。彥廷知道，他此刻最需要練習的就是交託。每場比賽，上帝總會安排一份功課。原來，這才是他畢業前的「最後一場球」。

彥廷一跛一跛回到球場，坐在政大板凳席加油。他只想用最實際的行動表達，不論發生什麼狀況，自己都在，只想讓學弟知道：「我沒有放棄，我一直會在這裡。」

一開賽就明顯感受到，兩隊都有備而來。三二比三二，兩隊平手，戰局依然膠著，進入中場休息。過去四年，看見政大雄鷹就會想到林彥廷。彥廷的存在是令人安心又習慣的。林彥廷和政大雄鷹，是「等號關係」。

高中時是HBL的耀眼之星，進到主打團隊籃球的政大，卻願意將自己放到最小，只為了把團隊做到最大。懂事的他們會自發給予隊上的新人力量和信任。去年封王之旅，政大雄鷹受傷兵問題所苦，當賽事吃緊，教練團幾乎無人可用的狀況下，彥廷選擇闖進去禁區，蓋對方前鋒火鍋，跟那群比他高至少十公分的大個子爭搶籃板。帶著身上的大傷小傷，嘗試為政大贏下每一場球。

過去四年彥廷從不輕言放棄。乍看這場冠軍賽的後三十九分鐘，球場上你找不到林彥廷，但仔細再多看幾分鐘，會發現：「林彥廷無所不在」。少了這位任勞任怨的「前任隊長」坐鎮，球員立志要為彥廷拿下這個冠軍，讓彥廷不帶遺憾從政大畢業，「像以前人手不足時，彥廷默默為球隊做的。」

第三節兩隊一路互咬，直到進入第四節。五五比四九，政大領先的幅度，終於在第四節開始加大。六分廿三秒，涂亦含在禁區使了一次逼真的假動作，今日表現傑出的史密斯高高跳起，落下，第五次犯規，史密斯畢業。政大雄鷹，領空出清。

六三比五三，涂亦含兩罰全進，政大持續高歌猛進。這場冠軍賽首次出現雙位數分差。健行球員拚了命想追分。一分四十二秒，莫巴耶隔著王凱裕賞給跳起來的劉承勳一記乾淨的麻辣鍋，徹底瓦解健行的追分動力。比賽剩最後四十二秒，已無懸念。子威教練把林彥廷換上場，全場政大球迷開始高喊他的名字。

大四球員一字排開：林勵、涂亦含、林彥廷，這群陪著政大過去四年奪下二連冠的功臣，大學生涯最後一場賽事。汗水、淚水交織而成的四年籃球夢，此刻像一則高倍速快轉的影片，好似一縷輕煙，穿透他們體力逐漸赤字的身體。如此場上五人，走完最後計時。七一比六一。政大勝，四面八方拋出藍色的彩帶雨。

南山高中三年生涯，每逢決戰小巨蛋總鎩羽而歸的宋昕澔、吳志鍇，奮鬥多年，終於在大一時期，初嘗冠軍滋味。隊長游艾喆挹注廿一分、八個籃板、三次助攻，連兩天高水準演出，大學生涯首次獲選MVP。

政大全場命中率以四七%領先健行的三二%。不斷跑動的防守轉換與變陣，迫使健行今晚近乎每一波進攻都困難，本季外線神準的聯盟霸主健行科大，本場比賽三分球三二中五。

彥廷在冠軍賽後沒有第一時間到場中央慶功，反而安靜地一個人朝健行科大方向走去。之前能仁的老隊友高錦瑋與丁冠皓見他走來，主動向他靠近，三人在場邊緊緊摟住彼此。

三月廿六日，二〇二三UBA冠軍——政治大學，三連霸達成。

05 二〇二四UBA冠軍——每當我想起你

二〇〇五年UBA改制以來，公開男一級從未有學校順利達成四連霸。這是一道難以跨越的鴻溝。

三月廿四日這一天，首位得主突圍，四連霸誕生。二〇二四UBA冠軍——國立政治大學雄鷹籃球隊。

我的世界只有你

如果你是當爸媽的人，發現自己的孩子真心喜歡打球，你會怎麼做？你想成為怎樣的父母？你會成為怎樣的父母？

中午十二時，游興榮開著車，一群人浩浩蕩蕩前往臺北小巨蛋。環顧整個部落，從小陪兒子一起玩耍、長大的夥伴，至少有五十人跟車，和他一起從東澳移動到台北。不只宜蘭，更包括來自嘉義、苗栗、新竹的親友。一群人從全台灣各地，決議今日午後在臺北小巨蛋「大部隊集合」。

「哎唷，緊張死了。」「你不要這樣，弄得我也好緊張……。」「以前太緊張還可以關電視躲廁所哩。」「還是你要用聽的？」「每次這種比賽看久喔……心臟真的會痛吼……。」「你等下進場，不敢看就乾脆直接閉眼睛嘿！」「欸！Taton，你不會閉眼睛吧。」

Taton是游興榮的小名，他的泰雅綽號叫「大頭」。雙手掌握著方向盤，駛過每個路口，聽得見自己的每一聲心跳，與車況無關，而是他在台北的孩子。他幾乎能想像此刻這一整排的車子裡，所有來自部落的能量，集結，正與兒子遠端連線，疾速灌注。

游興榮是警察，長年在分局工作，難得排休、放鬆的日子，全部給了在台灣不同地方比賽的三位兒子。他時常開著車，和妻子去到兒子們的比賽現場。比賽結束，他們向孩子揮手道別，再獨自開車深夜回到部落。隔天再繼續回到工作崗位，日復一日。

身為運動員的家人，他們對自己只有一個簡單的期許：不論孩子今天表現如何，一定要讓他們看見爸媽每一天都願意努力，以實際的行動支持孩子的夢想。

主動將三脅「拔掉一脅」的人

籃球是一種空間遊戲。進行的方式，就是兩隊五人，輪流給對方出考題。在每回合只有廿四秒的時限內，你的每一次回答，都可能影響對方出下一題的方式。若能用最有效率的方式，不斷破解對手出的題，同時把對手一直困在你出的難題，終場哨音響起時，你就很有機會帶走勝利。

某一年的公開賽，游艾喆接獲教練團指示，上場只要專心完成一項任務

——幫助大一新人儘速融入球隊攻守體系。字字清楚，使命必達。最終他的帳面上以零分、十次助攻結束那場比賽。這種個性、這種處世風格，很游艾喆。不論對手如何挑釁，外界如何批評，他可以為了球隊，完全放下自己。

想在籃球場上生存，球員一般需要練好俗稱三脅式（triple threat）的基本動作：傳、切、投，交替使用，逼防守者猜你現在想要做哪一個。在場上的游艾喆卻很少做出第三種選擇。他經常只用前兩個選項，就跟對手翻滾纏鬥，從國小打到大學。但他其實早練了一手穩定的中距離，更不斷增強自己在三分線的威脅性。

在這個崇尚個人的時代，如果你是游艾喆的隊友，只要他發現你進入了最拿手的得分熱區，站的位置更好，就算前方無人防守，自己的得分依然還沒破蛋，他還是會優雅地把球傳到你手上。你感到更疑惑，一個原本就比其他位置擁有更長持球時間的球員，為何眼睛明明可以找得到「不斷移動」的隊友，卻不太瞄準「固定不動」的籃框？

看了幾年，隱隱約約出現這個猜想：「我覺得游艾喆相信隊友，更勝於相信自己。」

他真的不在意今晚自己得幾分，他只在乎球隊能不能帶走勝利。他是位表裡如一的實踐者。

和你在一起

宜蘭縣南澳鄉的東岳部落是個三面環山、依山傍海的地方。在這個青年人力不斷嚴重流失的所在，這裡的孩子共享一座社區的「風雨球場」，他們從剛會走路的時期，就開始玩球、打球。

這個部落的人，不分年紀，總是為籃球瘋狂，為籃球吶喊。在東岳部落，幾乎每個人都彼此認識，也知道對方的近況，在生活大小事上相互照應，也相互看顧。

某日，還在就讀小學的艾喆，代表東澳國小出賽。在一次國際型的友誼籃球賽後，一位衣著端正的新加坡男子，拜訪了游家父子。

原來是剛剛對手的教練，他長期在為新加坡球隊尋覓，看亞洲還有沒有值得開發的籃球潛力股。稍早一整場比賽，他留意到艾喆打球、思考的方式，跟他至今看過的所有男孩完全不同。他意識到艾喆長大後，可能是位控球天才。這身材纖細、皮膚黝黑，聰明的泰雅族男孩，讓這位新加坡教練非常激賞。他挖到了一塊璞玉。

「你想去新加坡嗎？」游爸後來私下問艾喆，想不想去新加坡打球？是現在就去，開始定居在那邊。艾喆想了一下：「好啊，反正我每周五都會回來。」游爸先是一愣，才反應過來，兒子應該還不知道新加坡在世界地圖的哪裡。他在心裡大笑：這個年紀的艾喆，可能以為新加坡只是遠山另個部落的名字吧。

游爸笑著摸摸艾喆的頭。沒關係，去不去新加坡，都好，只要和你在一起。爸媽只希望你平安長大、快樂長大。

艾喆的國中學科成績優異。游媽媽記得除了國三，因為升學壓力全面加重，導致成績有點下滑，艾喆是個隨時能將成績保持在八十分以上的用功學生。當政大的大門向他敞開時，她鼓勵艾喆：「別錯過，同時念書與打球，其實你做得到。」

艾喆一開始有點猶豫，反覆思索多日，決定在雄鷹隊獨招的報到日最後一天，做出了這輩子最重大的決定：接受挑戰。

刺客莊朝勝

八強賽後，政大雄鷹以第一種子之姿進軍小巨蛋，準備四強賽。

一字排開，這支球隊，有天主教徒、基督徒、穆斯林，也有拿香拜拜的傳統民間信仰。球員間相處融洽，彼此尊重。每年球季晉級小巨蛋，大部分的比賽時間，穆斯林都會遇上齋戒月，因此須長時間空腹，連水分攝取都得嚴格限制。在這段期間，穆斯林球員面臨嚴峻的生理挑戰。渴與餓，在你意志脆弱的時候交替出現，迫使你軟弱，妨礙你專注。除非有超越平時的專注度，在不斷跑動、跳躍，失去水分卻又不斷燃燒熱量的同時，以更鋼鐵的意志，全身心投入比賽。

曾經的聶歐瑪、丁恩迪，現在的波波卡、莫巴耶、莫斯塔發，每一個來到台灣念大學的穆斯林孩子，都得走過這一關。勝過肉體，是迎向勝利的開頭。

小巨蛋開賽。八強戰後，四強球隊準備驗收各自閉關廿多天的訓練成果。儘管面對頭號種子政治大學，第四種子的虎尾科大完全是有備而來，迫使政大雄鷹從一開始就進入拉鋸，無法順暢打出自己擅長的團隊風格。

令全場驚奇的是雄鷹隊裡身材最小隻的莊朝勝，如何在這命懸一線的半決賽展現大將之風。在對手順利得分後，總能不疾不徐，以拋投、中距離、三分球、and 1，有效回應，幫助球隊硬扛住比數。他的存在感強大，令人無法忽視。

下半場開打，三九比三四，政大僅僅領先五分，虎科硬是堅持把比數咬住。「看看日本現役的優質後衛，小個子一定要練籃子，就算身高不到一八〇、一七〇，也能讓對手畏懼你。」「我們沒有先發與板凳的差別。當你上了場，就是照我們練習時講好的打法，盡全力拚。誰都一樣。」總教練陳子威曾經說過的話，深深記在莊朝勝心裡。就算今天的攻守策略上，教練團先設定他從板凳出發。

虎科本季改寫校史最佳UBA晉級成績，反倒是退無可退的政大，無法一次甩開對手，罰球、三分命中率不盡理想。這次纏鬥，虎科還真沒打算提早打包，甚至打出的氣勢可能會讓頭號種子原地翻船。

這一場的最佳第六人莊朝勝，在虎科每次以為已經快將政大勒斃的時候，總能一再跳出來，持續供氧，帶給全隊續命的希望。下半場，吳志鍇、林子皓在外線也持續有所斬獲。進到第四節後半，游艾喆一次抄截加快攻，外加一次中距離，兩波得手，嘗試接管比賽，虎科的馬克斯卻又用一記外線，硬是拉近比數。

八三比七九，比賽終了，事隔一年，政大再次晉級冠軍賽。莊朝勝全場三分球投六中四，拿下生涯新高的廿三分。游艾喆本役十五分、十二次助攻、五個籃板、五次抄截；莫巴耶十七分、五個籃板、五個火鍋；波波卡八分、十個籃板。

虎尾科大今日三分命中率四〇％。政大全隊驚險抓下四十六個籃板，硬是比虎尾的三十九個籃板，多出僅僅七次進攻機會。要是再少掉幾個籃板，本屆可能是虎尾科大晉級冠軍賽。

連霸，從來不是一個從天上掉下來的禮物。雄鷹小將知道，如果團隊沒辦法順利運作，明晚的王者健行，會是更難跨過的一關。他們必須找出有效的對策，打出自己習慣的球風，而不是像這場被對手硬帶著走。

拉鋸戰讓全隊身心疲憊，肌肉緊繃，但UBA賽制就是雙日內二連戰，沒有重複犯錯的本錢。如果明晚政大雄鷹再次闖關，就是隊史首次全勝封王。

夢魘

在球隊總監孫老師的心中，游爸與游媽始終相信政大制服組的安排。大學四年，他們兩人都是很安靜的陪伴者，從不主動聯繫教練團，「徵求」對自家小孩放入「更多關心」，或是爭取「更多的上場時間」，而這些電話或爭吵，在一些學校的球隊，其實屢見不鮮。

和這些家人互動，孫老師印象最深刻的，是其中一年球隊遭遇的「亂流」。他永遠記得，那是屋漏偏逢連夜雨的二〇二一年二月，在臺大體育館舉辦的UBA八強賽對決世新大學，同一場比賽，政大雄鷹連續折損了兩位先發球員：歐力士、游艾喆。

一場意外，艾喆的頭用力跌撞上油漆區地板，他頓時失去了行動能力，被眾人緩緩攙扶回場邊。儘管他不斷安慰隊友：「我沒事啦，還可以打」，制服組不放心，當天立刻帶他去醫院掛急診。經過放射檢查，醫師發現艾喆有腦震盪的狀況，仔細判讀照片，仍能發現一個小血塊，恣意漂流在腦袋裡，或許是那一下猛力追撞後的痕跡。

「孫老師好。我有看比賽，真的很擔心，但分局還有工作，我無法趕去台北。」電話裡第一時間確認這噩耗，游爸爸一時不知道該怎麼辦。孫老師正坐在醫院裡病人家屬用的陪病床：「游爸，我會陪著艾喆。你們可以放心，我一直在他身邊。」這是他們講過最長的一通電話。

這一天，或許是游爸看心愛的三個兒子打球以來，第一次哭泣，第一次感到無能為力。掛上游爸的電話，孫老師給了妻子一通電話，他決定今晚夜宿醫院。天花板的燈管明亮到刺眼，孫老師背包裡沒有任何過夜用的隨身用品。他嘗試躺上陪病床，「號稱一八六」的身高，一大截露在外面。看著一旁平躺在病床上的艾喆，孫老師毫無睡意。

今夜，比什麼都漫長。

不論是哪一年賽季，孫老師的肩膀，始終背負著全隊十多名孩子，還有孩子們背後的家庭。比起愈來愈不夠的睡眠，他只希望每一個孩子都要好好的。

頭仍有點暈的艾喆，口裡還是反覆說著自己沒問題，下場比賽依然可以上場。但是他也發現，完全沒辦法想起來，在腦門裡那聲轟天巨響後，自己究竟是怎麼樣從球場走回球隊板凳席的。也許，還有防護師廖期新前來關心的神情——那張若隱若現的臉，他近乎完全喪失了那段過程的記憶。「我是怎麼來到這裡的？」艾喆想不起來。

球隊創辦人姜豐年平和地說，當時去到東岳部落拜訪游家，招募艾喆，他就已經準備好，從這天起，自己對游爸、游媽，都有很深很重的責任。「艾喆是屬於台灣的，他來到政大這幾年，政大只是很幸運，有機會代為培養。我相信，有一天他會成為國家代表隊的一員。」

他堅定宣示了自己的信念：「我們不會讓孩子冒險出賽，我們對每一位孩子有照顧的責任。」姜豐年周圍的人，絕對知道他有多想拿到冠軍盃，但此刻，他心意已決：

「讓艾喆好好休息，沒有關係。」

「每一位制服組成員，還有他們用心招募來的孩子，我對這群人始終都有滿滿的信心。」姜學長語畢。現場再沒有任何異議。

「我們希望讓艾喆好好休息。」球場等著陳子威總教練的媒體，滿腦子的疑問蓄勢待發。「游艾喆現在的傷勢會不會很嚴重？」「醫生有說是怎樣的情況嗎？」「接下來八強賽他還會不會上場？」「今年政大要放棄爭冠了嗎？」孫秉宏望了望陳子威與范耿祥兩位教練，他們的態度無比堅定。子威教練輕輕搖了搖手向媒體示意：「有些事情，比有沒有拿到冠軍，更重要。」

轟垮的城牆

過了一年，政大雄鷹又要與去年決賽的老對手健行科大，爭奪冠軍。不論今晚是健行帶走勝利，或是政大再次衛冕，UBA男一級的「第四冠」只有一位贏家能帶著新紀錄離開。這會是締造歷史的一夜，只是不知道是哪種版本。

現場開始暗燈，大螢幕上放映著令觀眾熱血沸騰的開賽影片，總教練陳子威此刻卻像是跌入另一個時空。這可能是愛將畢業前，UBA決賽舞台獻上的最後一支舞。他想起這群即將畢業的孩子，過去這些年是如何一同成長。他意識到自己從這群孩子身上得到的，也許比孩子從這支球隊帶走的更多。

比賽開打，健行史魯齊連飆得分，看似是猛力的開頭，在政大逐漸加壓防守強度後，健行竟然開始無力追趕。游艾喆在大四這一年，最終的決賽舞台，做了一件他平時明明有練習，上場卻很少執行的動作：投三分球。「從今以後，你要學會相信自己，艾喆。」

健行努力撐過第三節，又在第四節徹底崩盤。終場，政大以九二比五九結束比賽，雄鷹籃球隊迎來隊史第四座男一級冠軍。游艾喆成為首位在冠軍賽完成大三元的球員，十二分、十一次助攻、十個籃板、三次抄截，大學四年，正式畫下句點前，再以一次超群表現，奪下第二座FMVP。

昨天上演大驚奇的莊朝勝再次砍下全隊最高十七分；隊長莫巴耶八分、五次助攻、七個籃板；大一的波波卡八分、六個籃板，比賽末段上演一條龍快攻爆扣；王凱裕五分、二次助攻、一次抄截、一個火鍋。在不斷高速輪轉的團隊籃球調度裡，有限上場時間內，每位先發球員都繳出了最精湛的自己。

近期傷癒復出的宋昕澔一掃昨日陰霾，進帳十三分；同為南山畢業的老搭檔吳志錯，進帳五分，另有二次漂亮抄截。雄鷹大學長李允傑三分球投七中三，全場砍下十一分。本季新召募來的大一球員林子皓、徐得祈、莫斯塔發等也在籃板、助攻、得分，各有斬獲。這又是一場「政大雄鷹式的團隊籃球」。他們再次證明，只要全隊上下一心，就算是冠軍賽，也必須按照他們設定的節奏進行。

冠軍的藍色彩帶拋下。總教練陳子威不自覺眼眶一熱，緊緊抱著莊朝勝。他明白整個暑假朝勝有多努力，想讓自己像那群刁鑽的日本小後衛一樣，令人聞風喪膽。他為朝勝感到驕傲，因為朝勝真的做到了。他終於超越了自己。「朝勝，如果不是你，我們真的走不到這裡。你一直是我心中的MVP。」

也許這個世界沒有「宇宙政大」

就讀傳播研究所的李允傑是隊上非常倚賴的射手。在關鍵時刻，他的盯人防守、抄截與三分彈經常讓對手頭皮發麻。今年他將從政大雄鷹畢業。賽後，李爸爸在臉書娓娓道來自己這些年陪伴兒子的心聲：

「國中進球隊時，根本想都不敢想進南山，南山對國中小球員來說是聖殿般的存在，尤其我們只是連八強都沒有的大安國中。沒想到時清（教練）真要了小傑，進了南山後也還沒有雄鷹這支隊伍，而高三那年雄鷹橫空出世，我們自己也不認為有機會，但卻出乎意料的進了政大雄鷹，且一待就待了六年。」

「無論南山或政大，每一個名額都極為珍貴，不管給了哪一個孩子，都將會改變這個孩子跟這個家庭的一生，既然我們有幸獲得了這個名額，自當好好珍惜。這十一年因為籃球，我們認識了許多為這項運動辛苦付出的師長、前輩，結交了許多的好友；因為籃球，小傑受過多次大小傷病，流過無數次的淚水；因為籃球，我們沒有過緊張的父子關係，見面永遠都是加油、打氣、吃好料，沒有叛逆期的問題。」

「一路以來我只跟小傑強調一件事：雖然你在一流的學校，但你從來都不是一線球員，因為你不是一線球員，所以你沒有驕傲的本錢，沒有喪氣的資格，唯有更堅持跟積極進取，只要每一次比賽能讓教練願意多放你一秒在場上，就是一種肯定。」

「一流的球技可能需要點天賦，但一流的態度跟天賦是完全無關的。」

有些鄉民看見政大連勝、贏球，戲稱是「宇宙政大」，但在另一群人的眼中，從來沒有什麼「宇宙不宇宙」的問題。只要是打不倒的，贏不了的，就訴諸人家天生麗質。在我看來，這種邏輯未免太牽強附會。創隊七年，政大雄鷹也早已走上一條他們親手開創的全新道路。

事實上，制服組在每年獨招時，也努力招募上場態度認真的乙組球員。他們更在意的是孩子的內在特質。球隊以成熟、堅實的團隊攻守體系作戰，他們不需要只會打英雄球的孩子。在教練團眼中，只有你追求進步、願意下苦功的渴望程度，從來沒有什麼甲組乙組的問題。

仔細觀察，政大雄鷹其實是一個十足特別的團隊。這支球隊長年沉默的制服組與他們背後的家人、球員的家人，都是組成這支四連霸隊伍的重要拼圖。太多外界關於政大雄鷹的討論，完全撇除了「選對人」、「組建出正確的團隊」、「選擇最適宜的經營方向」等因素，只是不斷去翻炒（甚至酸諷）創辦人姜豐年的背景與身分。說實話，我以為這種程度的視野，並沒辦法幫助環境變得更好，也沒辦法幫助本土籃壇有更顯著的革新。

每一間學校都可能有傑出校友，但並不是每一位都願意投入；就算投入，也並不代表每一個經營團隊都知道怎麼找出最合適的管理人才；就算找到人才，給頭銜，給良好的福利條件，也不等於他們會忠心，屹立不搖，陪伴你走過低谷。有些人只能共享樂，無法共患難；反過來的狀況也大有人在。所以我才說，政大雄鷹的獨特性，值得每一位關心台灣籃球未來的人，好好了解。

政大雄鷹的制服組，就算不是什麼傲世天才，至少也是一群認分、踏實的行動者。他們知道政大雄鷹的計畫，不是來玩玩的。你愈了解他們，會對整個團隊愈發敬重。大家深知優秀的球員難覓，但堅固、支持球員的正向家庭，在我看來也是一樣難尋。這間學校在UBA所經歷的每一場勝利，其實都是整個生命共同體的成果。

在擅長打團隊籃球的政大雄鷹裡，我很確定每個人會給我的回答：「我從來不是一個人。」一次見證，勝過十個聽說。

「艾喆，為什麼選7號球衣?」

「我們家有七個人。爸爸、媽媽，我上面有兩個姊姊、一個哥哥，下面還有一個弟弟。我在家排行老四。」「所以，選7號的意思是……?」「比賽時，我想隨時把一家人穿在身上。」

「家人，是我生命裡最重要的人。」

後記

孫秉宏、戚海倫

二〇二四年三月下旬，政大雄鷹籃球隊完成大專籃球聯賽四連霸壯舉，但不曾停下腳步。

「球員會離開，教練會一直在。」總教練陳子威在新賽季球隊開訓前，寫了一封長信給教練團，信中提到，「今年我們會有更大的挑戰，面臨不同的困難，必須團結一心，需要拿出更高的標準來要求彼此。」

這是學生球隊需面對的現實。

游艾喆自政大畢業後，已然飛往日本挑戰B1聯盟，莫巴耶、李允傑、王凱裕、莊朝勝也投入國內職籃。這也意味著，新的UBA賽季，政大雄鷹要以新的陣容應戰，其中包括七位大一新生——林恩宇、楊顗平、馬駿飌、張奇恩、潘立丞、王暐嘉和塞內加爾外籍生盛岦。全隊十五名球員，新生占了近半。

除了大四學長鍾理翔，就以大三生宋昕澔與吳志鍇經驗最豐富。新賽季、新挑戰，由宋昕澔與徐得祈擔任正副隊長，率領球隊挑戰五連霸。

「我相信我們能開啟新的篇章，繼續寫下我們的故事。」子威在信中鼓勵大家，「球員要精益求精，教練更是要追求卓越。」

陳子威和范耿祥不斷思索著，先前到歐洲西班牙學習的系統籃球、向歐洲教練取經的籃球哲學，要如何運用、融入在政大雄鷹籃球隊的球風和體系中。身為總教練的陳子威，也持續問自己，「今年我還能給各位（教練團）什麼？」這是過去七年，陳子威對自己嚴格的要求之一。

雄鷹執行長孫秉宏的忙碌程度，比起過去這些年，有過之而無不及。他持續關心著在校生的課業與籃球，以及畢業生的發展。儘管制服組專業分工，他仍需悉心掌握每個面向，「教育」是最核心的理念。

在媒體關注焦點，都聚焦於日本滋賀湖泊職籃隊為政大後衛游艾喆舉行加盟記者會的當日，政大雄鷹籃球隊的大一球員與外籍生，一早就在球隊經理侯碩與助理教練黃子軒陪同下，驅車前往新竹縣新豐鄉誠正中學。

誠正中學是一所少年矯正學校，在那裡有許多感化教育受處分人的收容對象，均未滿十八歲。雄鷹球員經過善耕365基金會協助安排，與矯正少年打友誼賽，也做籃球教學。對雄鷹球員來說，這是第一次「要經過重重關卡，才能進入的籃球場」，經過那天，關於籃球的意義，大家似乎都有了另一層體會。

雄鷹球員平常在政大不同院系就讀，包括傳播學院（大一大二不分系）、廣電系、廣告系、外交系、企業管理系、民族系。前幾屆的「雄鷹學長」，也曾就讀於土耳其語文學系、日本語文學系、地政學系等。而自二〇一八年政大創新國際學院（創國）學士班成立後，以英語授課，雄鷹外籍生進入創國學院學習，沒有語言問題。創國學院的杜文苓院長、甯方璽副院長、連賢明前副院長及熱愛籃球的吳文傑教授等，都讓外籍生感到在台灣有了另一個「家」。

各院系所的院長、主任、師長、助教及學生，對體育績優生的照顧與幫忙，無疑是最強力的後盾之一。為了協助初代外籍生聶歐瑪、丁恩迪，時任民族系主任王雅萍教授，特地向校友募電腦，也對原住民球員特別關心；接棒的官大偉主任，也為了外籍生，協調系上師長出外語作業。為了雄鷹球員的課業輔導，民族系師長邀孫秉宏與當時的體育室主任呂潔如，開了多次會議討論。

第一屆雄鷹球員包括洪楷傑、朱力勳和王振原，都就讀地政學系。林老生主任、林士淵與邱式鴻等師長都特別關心，若不是師長大力支持，第一屆雄鷹恐怕難以維持穩定。

地政系的德國籍教授范噶色（Stephan van Gasselt）以英文上微積分課程，孫秉宏曾帶著洪楷傑和朱力勳去上課，都是非常難忘的經驗。

雄鷹領隊姜豐年畢業自外交系，而國際事務學院的連弘宜院長、盧業中副院長、吳崇涵主任等多位教授與助教，一直都力挺雄鷹。無論是外籍生來台過程、或是對本土球員吳冠誼、黃子軒、鍾理翔及楊剴平等，都照顧有加。一次孫秉宏到法國出差，竟巧遇外交系黃奎博教授，兩人難得在法國餐敘，話題不離雄鷹球員吳冠誼的課堂表現……。

傳播學院是政大的招牌院系之一，幾年來招收了多名雄鷹球員。從起初林元輝院長、陳憶寧院長到林日璇、施琮仁等多位教授關心支持，不只在課業方面給予指導，球場邊也常見教授熱情吶喊加油。

台聯大蘇蘅副校長、政大蔡炎龍學務長，陳百齡主秘、教務處、秘書處、警衛室等不同角色的政大人，當然還有體育室王清欉、呂潔如主任與所有老師和職員，都是雄鷹創隊以來，給予學生球員教育與支持的重要力量。

每位球員在政大期間，在各系都有不同的故事，說也說不完。第一代雄鷹黃博暄進入土語系就讀，擔任博暄輔導老師的，是土語系校友熊道天老師。熊老師是排球專長，對於體育績優生進入政大就讀，很有同理心。博暄在政大，第一學期的學業成績就「三二」、岌岌可危，孫秉宏找博暄來了解情況，實在擔心「才迎新，下學期就要送舊」。

博暄的母親也憂心忡忡。「孫老師，說真的，博暄真的有辦法繼續念嗎？

爸爸不看好博暄能完成學業，如果真的唸不下去，要讓他回彰化。」黃媽媽的淚水在眼眶打轉，「真的不希望被爸爸講中！」

土語系或許對博暄真的太難了，不如轉系吧？向民族系主任王雅萍詢問，讓博暄轉系的可行性。博暄努力準備審查資料，最終轉系到民族系，雅萍主任與多位老師秉持著「有教無類」的理念教育學生，而博暄也加倍努力，最終拿到政大畢業證書。

「我也沒想過，畢業後的博暄，竟成為進到『好市多』的第一人。」孫秉宏回憶，那時姜豐年學長為畢業後不打職籃的雄鷹畢業生爭取，能進好市多工作。

「博暄一直都很認真，是乖小孩。」孫秉宏說，那時推薦博暄到好市多，自己還設下三個月後的鬧鐘提醒，屆時要關心他的工作情況。

「老師。」博暄到好市多工作滿三個月這天，他主動打了電話給孫老師。

「三個月了！」孫秉宏想著，這麼準。「你怎麼知道……，我指甲都壞掉了。」當時博暄在好市多擔任儲備幹部，剛開始到冷凍部門負責切肉，按時數計薪。凌晨一時進貨，博暄必須適應夜班作息，「真的很累」。

兩人談了談工作情況，「你剛進去，公司應該希望你什麼都做。」談著談著，博暄透露出想轉職的念頭，「老師，你不是說過，有另一個在做餐飲業的學長……？」

「有！」孫秉宏說，「可是如果你才待三個月就走，這個履歷就等於是零了喔。你可不可以給自己一年時間？」「一年？還要一年？」聽得出，博暄不太願意。

「你聽我說，如果一年後還想走，我一定全力幫你。」孫秉宏勸說，「你三個月就走，還要解釋原因，改去餐飲業也是有廚房的啊。但如果你待滿一年，說不定有機會升職？你決定。」

電話那頭的博暄想了想，「好，老師我聽你的。」他也沒讓人失望，認真工作，努力在夜班輪值，很快就被看到工作態度積極，公司就安排博暄到其他部門上正常班。有時孫老師也會接到博暄的電話，知道他工作狀況不錯，也已打消轉職念頭。

不只打球，多元發展的還有吳冠誼。

雄鷹曾在政大校門口租下一個空間，設立「NCCU Griffins Studio 62」（政大62運動文創工作室），一方面提供政大人自在的場域，也作為政大特有的運動文創空間。從營運店長到工讀生，起初都是學生運動員背景，也希望藉此提供學生運動員培養第二專長的機會。

後來這個複合式空間與咖啡品牌Cama聯名開設，孫秉宏鼓勵雄鷹球員吳冠誼和謝沅融拿證照，「不是讓你們去賣咖啡，而是去學習與人接觸、經營社群。」畢業後的吳冠誼，進入職籃球團負責社群經營，發揮年輕人的創意。

同屆的朱力動不當球員，轉做教練。到國中帶籃球隊、指導政大校女籃、也收一對一籃球家教學生。畢業後的力動回到政大體育室工作，負責健身房管理等事務。

曾是政大雄鷹的一員，都會明白，無懼挑戰，也無須設限。

與台灣旅英設計師詹朴的跨界合作，在台灣的籃球隊中是創舉。詹朴就像藏身設計界的重度籃球迷，從雄鷹首奪UBA冠軍開始，即為雄鷹設計專屬冠軍戒指，第四枚冠軍戒，同樣由詹朴團隊打造，承載著雄鷹的光榮傳統，也開啟全新的旅程、全新的篇章。

雄鷹制服組團隊陣容如今更臻完整。技術教練王天佑協助球員精進個人能力，按摩師林姵吟照顧球員健康。社群平台經營，則交給財政系校友、曾在運動網媒實習的陳金枚，藉由攝影、文字與短影片等，將雄鷹籃球隊的精彩，分享給球迷。

過去，政大雄鷹籃球隊創造了許多球隊的第一次、政大的第一次、台灣的第一次。

而未來呢？全新篇章會以什麼樣的風貌呈現？令人高度期待。

社會人文 596

政大雄鷹傳奇：冠軍意志 CHAMPION MINDSET 迎戰世界

國家圖書館出版品預行編目（CIP）資料

政大雄鷹傳奇：冠軍意志 CHAMPION MINDSET 迎戰世界 / 孫秉宏・陳子威・戚海倫・柯智元著 . -- 第一版 . -- 臺北市：遠見天下文化出版股份有限公司，2024.11
328 面；14.8×21 公分 .--（社會人文；596）
ISBN 978-626-417-025-3（平裝）

1. CST: 政大雄鷹籃球隊

528.952　　113015976

孫秉宏・陳子威・戚海倫・柯智元── 著

副社長兼總編輯 ── 吳佩穎
社文線副總編輯 ── 郭昕詠
責任編輯 ── 郭昕詠
校對 ── 陳佩伶
封面及內頁設計 ── 張議文
排版 ── 簡單瑛設
照片提供 ── 政大雄鷹籃球隊

出版者 ── 遠見天下文化出版股份有限公司
創辦人 ── 高希均、王力行
遠見・天下文化 事業群榮譽董事長 ── 高希均
遠見・天下文化 事業群董事長 ── 王力行
天下文化社長 ── 王力行
天下文化總經理 ── 鄧瑋羚
國際事務開發部兼版權中心總監 ── 潘欣
法律顧問 ── 理律法律事務所陳長文律師
著作權顧問 ── 魏啟翔律師
地址 ── 台北市 104 松江路 93 巷 1 號 2 樓

讀者服務專線 ── (02) 2662-0012 ｜傳真 ── (02) 2662-0007；(02) 2662-0009
電子郵件信箱 ── cwpc@cwgv.com.tw
直接郵撥帳號 ── 1326703-6 號 遠見天下文化出版股份有限公司

製版廠 ── 中原造像股份有限公司
印刷廠 ── 中原造像股份有限公司
裝訂廠 ── 中原造像股份有限公司
登記證 ── 局版台業字第 2517 號
總經銷 ── 大和書報圖書股份有限公司｜電話／ (02) 8990-2588
出版日期 ── 2024 年 11 月 11 日第一版第 1 次印行

定價 ── NT 450 元
ISBN ── 9786264170253
電子書 ISBN ── 9786264170239（EPUB）；9786264170246（PDF）
書號 ── BGB596
天下文化官網 ── bookzone.cwgv.com.tw

天下文化
BELIEVE IN READING